◆ 新形态一体化教材 ◆

高等职业教育高素质技术技能型人才培养
"双高计划"国家级示范专业物流管理类精品教材

总主编 许建领

跨境电商物流

Cross-border E-commerce Logistics

主　编　项　捷
副主编　李红芳　徐若菡　谢莹莹　朱思奇
参编者　李佳明　陈先姚

中国·武汉

图书在版编目(CIP)数据

跨境电商物流 / 项捷主编. -- 武汉：华中科技大学出版社，2024.11. -- (高等职业教育高素质技术技能型人才培养"双高计划"国家级示范专业物流管理类精品教材 / 许建领主编). -- ISBN 978-7-5772-1461-0

Ⅰ. F713.365.1

中国国家版本馆 CIP 数据核字第 2024VK3357 号

跨境电商物流

项 捷 主编

Kuajing Dianshang Wuliu

策划编辑：	周晓方　宋　焱　庹北麟
责任编辑：	周　天
封面设计：	原色设计
责任校对：	张汇娟
责任监印：	周治超
出版发行：	华中科技大学出版社（中国•武汉）　　电话：(027) 81321913
	武汉市东湖新技术开发区华工科技园　　邮编：430223
录　　排：	华中科技大学出版社美编室
印　　刷：	湖北新华印务有限公司
开　　本：	787mm×1092mm　1/16
印　　张：	14.25　　插页：2
字　　数：	340 千字
版　　次：	2024 年 11 月第 1 版第 1 次印刷
定　　价：	59.00 元

本书若有印装质量问题，请向出版社营销中心调换
全国免费服务热线：400-6679-118　竭诚为您服务
版权所有　侵权必究

内容简介

本教材系统地阐述了跨境电商物流领域的各个环节,聚焦于分属不同关境的交易主体的活动,他们从选品环节就开始选择产业链、供应链,并通过跨境电商平台销售渠道、跨境物流系统将产品送至消费者手中。跨境电商物流有进口和出口两个流向,进口流向主要涉及保税进口和直邮进口两种模式,而出口流向则涉及线上发货和线下发货两种模式。跨境电商出口线上发货依托跨境电商平台预设的物流模板,从而简化流程,提高效率。线下发货则由卖家自行联系货运代理服务商组织海陆空运,其中空运包括邮政、快递等特殊方式,陆运包括铁路运输等方式(本教材重点介绍中欧班列)。本教材还深入探讨了跨境电商物流体系中的静态仓储管理,介绍了跨境电商运营中海外仓商品选品与库存量的控制方法,以及优化海外仓订货成本、持有成本和缺货成本,使总成本最低的控制方法、EOQ模型等,为跨境电商从业者提供了科学决策的依据与实操指南。

网络增值服务

使用说明

欢迎使用华中科技大学出版社人文社科分社资源网

1 教师使用流程

（1）登录网址：https://bookcenter.hustp.com/index.html（注册时请选择教师身份）

注册 → 登录 → 完善个人信息 → 等待审核

（2）审核通过后，您可以在网站使用以下功能：

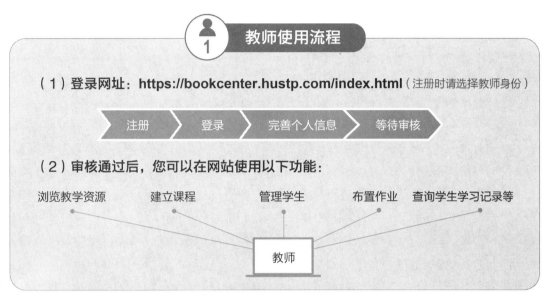

浏览教学资源　建立课程　管理学生　布置作业　查询学生学习记录等

2 学员使用流程

（建议学员在PC端完成注册、登录、完善个人信息的操作）

（1）PC端学员操作步骤

① 登录网址：https://bookcenter.hustp.com/index.html（注册时请选择学生身份）

注册 → 完善个人信息 → 登录

② 查看课程资源：（如有学习码，请在"个人中心—学习码验证"中先验证，再进行操作）

首页课程 > 课程详情页 > 查看课程资源

（2）手机端扫码操作步骤

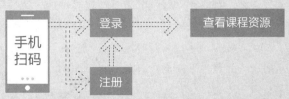

如申请二维码资源遇到问题，可联系编辑宋焱：15827068411

总 序

物流业是国民经济和社会发展的先导性、基础性、战略性产业,加快发展现代物流业对于促进产业结构调整和提高企业市场竞争力都具有非常重要的作用。党的二十大报告指出,要"加快发展物联网,建设高效顺畅的流通体系,降低物流成本"。现代物流业已经从经济辅助产业转变成了具有战略意义的基础产业,对保障产业链供应链稳定、增强国民经济韧性、促进产业优化升级具有重要意义。2020年9月,习近平总书记在中央财经委员会第八次会议上强调,流通体系在国民经济中发挥着基础性作用,构建新发展格局,必须把建设现代流通体系作为一项重要战略任务来抓。要贯彻新发展理念,推动高质量发展,深化供给侧结构性改革,充分发挥市场在资源配置中的决定性作用,更好发挥政府作用,统筹推进现代流通体系硬件和软件建设,发展流通新技术新业态新模式,完善流通领域制度规范和标准,培育和壮大具有国际竞争力的现代物流企业,为构建以国内大循环为主体、国内国际双循环相互促进的新发展格局提供有力支撑。

2022年,国务院办公厅发布了我国现代物流领域第一份国家级五年规划《"十四五"现代物流发展规划》,对构建现代物流体系的基础、挑战、目标和要求等做出了全面、系统的阐释,提出到2025年,基本建成供需适配、内外联通、安全高效、智慧绿色的现代物流体系;到2035年,现代物流体系更加完善,具有国际竞争力的一流物流企业成长壮大,通达全球的物流服务网络更加健全,对区域协调发展和实体经济高质量发展的支撑引领更加有力,为基本实现社会主义现代化提供坚实保障。《"十四五"现代物流发展规划》描绘了我国现代物流高质量发展的"新蓝图"。

为落实习近平总书记关于物流发展的系列指示,将我国现代物流高质量发展"新蓝图"变为现实,需要加强物流业供给侧结构性改革,并统筹解决我国产业结构失衡、资源分布不均衡的问题，其关键在于要培养和输送大量的高素质物流技能人才。各高校亟须加强物流学科专业建设，提升专业设置的针对性，培育复合型高端物流人才，助力现代化物流业的持续发展。

高等职业（高职）教育是培养大国工匠的重要途径，是高素质物流技能人才的第一来源。近年来，我国高等职业教育取得了长足的发展：《中华人民共和国职业教育法》的颁布在法理意义上明确了我国职业教育是与普通教育具有同等重要地位的教育类型，《国家职业教育改革实施方案》的出台为职业教育的创新发展搭建了全面的工作框架，《职业教育提质培优行动计划（2020—2023年）》等则进一步落实了职业教育高质量发展要求。在这样的大背景下，我国物流职业教育同样取得了巨大发展，具体表现在专业目录和教学标准实现了大升级，职业技能大赛和职业技能证书渗透率大幅提升，一大批一流课程和规划教材涌现出来，实训条件得到很大改善等诸多方面。物流高等职业教育必须始终面向现代物流发展实际，有效推进产教融合、校企合作，更好反映物流产业的成功经验和现实需求，更好发挥职业教育在人才培养和技术攻关方面的优势，让教学内容和实训内容更真实、更务实、更扎实，使学生掌握合格的物流职业技能和素质，具有卓越发展的潜力。

在职业院校专业人才培养体系中，教材建设是极其重要的基础工程。本套教材由华中科技大学出版社和深圳职业技术大学联合策划。为了凝聚物流职业教育已经取得的有益经验，进一步丰富优质教学产品供给，更好满足学生成长成才的需求，我们在全国范围内集合了一批物流专业优质院校的资深教师来编写这套全新的高等职业教育物流类专业教材，期待以教材这一载体来展示优秀的教学改革成果，推进教学形式的创新和教师能力的提升，为培养卓越的物流技能人才提供有力支撑。

本套教材坚持以学生为中心，力求让高等职业教育满足学生成长成才的需求和对未来美好生活的向往，将学生成长成才需求与经济社会发展需求结合起来，使他们能够在未来的职业生涯中发现自己的优势和价值，同时体现我国现代物流发展的经验和成果。与物流新技术新模式新业态快速涌现形成鲜明对比的是，物流教材建设的进度相对滞后，对物流新趋势的反映不够全面和成熟。本套教材力争具有探索性和先导性，为现代物流业人才培养提供高质量教学素材，在业界发挥引领作用。

基于此，本套教材的主要特点如下：

（1）以课程思政为引领。本套教材以习近平新时代中国特色社会主义思想为指导，坚持落实立德树人根本任务，围绕现代物流高素质技能人才培养要求，将教学目标分解为素养、知识、能力三维目标，精选教学案例和材料，突出家国情怀、诚信服务、工匠精神、国际视野，努力培养更多让党放心、爱国奉献、能担当民族复兴重任的时代新人。

（2）以专业教学标准为指导。标准化建设是统领职业教育发展的突破口，教学标准和毕业学生质量标准是标准化建设的两个重要关口。2022年，国家对职业教育物流类专业目录做出了重大调整，一些新的专业被引入进来，还有一些专业通过更名和调整归属被赋予了新的内涵，以更好反映现代物流对未来技能人才的需求。以新专业目录为基础的专业教学标准为具体开展物流职业教育教学提供了基本指南。

（3）科学构建知识技能体系。产教融合、校企合作是职业教育高质量发展的基本路径。本套教材在组建编写团队时注重"校企行"三方力量的协同参与，将行业的标准、企业的需求和学校的教学有机结合，系统梳理每门课程的知识技能树，合理取舍，突出重点和难点，注重知识技能培养的循序渐进。

（4）突出智慧物流特征。随着贸易规模的扩张和智能技术的加速迭代，物流业和供应链管理进入"智慧时代"。一方面，与低空经济、无人驾驶等结合起来的物流新技术新模式新业态持续涌现；另一方面，传统物流模式也在推进内涵升级、结构优化。本套教材在书目的设置和材料的选择方面都充分体现了智慧物流的特征。

（5）突出基础性和前瞻性，与职教本科教学体系适度衔接。高职教育是培养大国工匠的重要途径，职教本科有助于完善职业教育学历认证体系。本套教材从整个职业教育体系的高度出发，以高职教育人才培养为基础，致力于加强高职教育与职教本科课程体系的衔接，尤其是为未来职教本科物流专业教材的编写打下基础，贯通职业教育人才培养"立交桥"，为学生发展创造"立体通道"。

（6）打造丰富实用的数字资源库。教材是教学的基础材料，但教学也离不开其他辅助教学材料。本套教材配备电子教案、拓展案例、练习与解析等基础数字材料，同时积极开发微课视频、动画视频、仿真视频等音视频资源，部分教材还有知识图谱等互动资源，可以最大程度方便教师教学。在教材后续使用过程中，我们还将及时更新"岗课赛证"一体化的培训资料，为学生学习提供全周期辅助。

本套教材分为基础课、核心课和拓展课三个模块。基础课包含智慧物流与供应链基础、供应链数字化运营、数字化物流商业运营、物流法律法规、智慧物流信息技术、物流专业英语等。核心课包含智慧仓配实务、国际货运代理、物流运输技术与实务、物流项目运营、采购与供应链管理、区块链与供应链金融、物流成本与绩效管理、智慧集装箱港口运营、供应链管理实务、冷链物流管理实务、物流系统规划与设计、智能物流装备运维管理等。拓展课包含物流企业模拟经营、物流安全管理实务、物流企业数字化管理、跨境电商物流、进出境通关实务、企业经营创新、电子商务实务、物流机器人流程自动化、物流包装等。同时，丛书编委会将依据我国物流业发展变化趋势及其对普通高等学校、高职高专院校物流专业人才培养的新要求及时更新教材书目，不断丰富和完善教学内容。

微光成炬，我们期待以编写这套高等职业教育物流类专业教材为契机，将物流职业教育的优秀经验汇聚起来，加强物流职业教育共同体的建设，为师生之间、校企之间的沟通和对话提供一个公益平台。我们也诚挚地期待有更多优秀的校园教师、企业导师加入。应该指出的是，编撰一套高质量的教材是一项十分艰巨的任务。尽管编者们认真尽责，但由于理论水平和实践能力有限，本套教材中难免存在一些疏漏与不足之处，真诚希望广大读者批评指正，以期在教材修订再版时补充和完善。

全国物流职业教育教学指导委员会副主任委员
深圳职业技术大学党委副书记、校长
2024 年 3 月于深圳

前言

高质量发展需要新的生产力理论来指导。2024年1月,习近平总书记在主持中共中央政治局集体学习时强调:"发展新质生产力是推动高质量发展的内在要求和重要着力点","新质生产力已经在实践中形成并展示出对高质量发展的强劲推动力、支撑力"。2024年的政府工作报告提出,要大力推进现代化产业体系建设,加快发展新质生产力。新质生产力的"新"在物流行业中的体现是全方位的,不仅包括技术和设备的创新,还包括管理模式的变革和产业的升级,这些变化共同推动了物流行业的高质量发展,具体体现在以下几个方面。

(1) 数字化和智能化转型。新质生产力强调通过数字化和智能化技术,提高物流效率、降低物流成本、提升服务质量和用户体验。

(2) 技术创新。新质生产力以技术创新为主导,包括新技术、新场景、新动力和新业态。这些创新在物流行业中表现为自动化设备、智能驾驶系统、新能源技术等的广泛应用,促进了成本结构的优化,引领着物流行业的发展方向。

(3) 产业支撑。新质生产力有明确的产业支撑,其中新兴产业和未来产业是推动新质生产力发展的主要力量。这些产业的发展将会直接推动物流行业的发展。例如,新能源汽车、大数据、人工智能等新兴产业的发展为物流行业带来了新的增量。

(4) 绿色化发展。新质生产力还强调绿色化发展,如通过智能算法提高车辆的里程利用率和载重利用率,从而达到节能减碳的目的。此外,还可以通过统计司机在运输过程中降低的碳排放量,对司机进行相应的奖励,进而促进运输行业的绿色化发展。

在这样的时代背景下,深圳职业技术大学许建领校长组织编写了高等职业教育高素质技术技能型人才培养"双高计划"国家级示范专业物流管理类精品系列教材,其中本教材的编写由嘉兴职业技术学院跨境电子商务专业教师团队负责。本教材贯彻"以服务为宗旨,以就业为导向"的职业教育方针,通过构建以"项目导航"和"项目导学"为行动导向的教学框架，设置明确的"任务目标"，并围绕这些目标展开"任务实施"，每个项目（或任务）都结合了丰富的案例分析以及详尽的实操说明来促进理解，每个项目后均附有"项目综合测评"，以全面评估学习成效。

  物流业作为经济发展的关键驱动力，在推动供需结构由低端供需平衡向高端供需平衡有序转变中居于核心地位，不仅对供给侧结构性改革有重要推动作用，还是全球跨境电子商务迅速扩张的有力支撑。本教材系统整合了一体化物流所涉及的各项任务、业务流程和战略，深入剖析了货源、发货、运输、仓储、配送等物流核心功能的理论与实践，在"一带一路"高质量发展，国内国际双循环相互促进，加快建设制造强国、质量强国、航天强国、交通强国、网络强国、数字中国等重要战略思想的指导下，将学科知识讲解、技能操作示范与思政建设相结合，做好"润物细无声"的思政教育。教材构建了一个新的关于跨境电商物流的内容框架，帮助学生拓宽和加深对跨境电商物流采购、运输、集货、仓储、通关、配送等方面的认知，提高跨境电商物流运作的能力和解决具体问题的能力。教材融入了学术界和实务界的最新典型案例，配备了"项目综合测评"和参考答案以促进课程学习，并配以跨境电商实际平台上物流设置的截图，将企业真实的工作场景带入教材中，加强学生实践技能的训练。

  本教材由嘉兴职业技术学院、湖南铁路科技职业技术学院等高校的教师团队和跨境电商物流企业的资深物流业务员合作编写，由项捷担任主编，负责全书统稿。参加编写与资料收集工作的还有李红芳、徐若菡、谢莹莹、朱思奇、陈先姚、李佳明。本书在编写的过程中，得到了浙江佰度物流有限公司、科劳斯（浙江）海外仓服务有限公司和华中科技大学出版社等各方面的大力支持，谨表感谢！

  《跨境电商物流》一书力求模式新颖、内容全面，具有可读性和可操作性，突出对高职学生技能的培养。由于编写时间紧、任务重、水平有限，疏漏之处在所难免，真诚欢迎各界人士批评指正，以便再版时予以补充修正，使其日臻完善。

编 者

2024 年 6 月

目 录

项目一　基础知识 ………………………………………………………… 001
　　任务一　认识跨境电商物流 / 004
　　任务二　熟悉跨境电商企业物流运作模式 / 013

项目二　跨境电商选品与采购 …………………………………………… 023
　　任务一　掌握跨境电商选品技巧 / 026
　　任务二　了解跨境电商采购流程 / 038

项目三　跨境电商进口物流 ……………………………………………… 047
　　任务一　掌握海关监管与关税计算方法 / 050
　　任务二　了解保税进口物流 / 062
　　任务三　了解直邮进口物流 / 069

项目四　跨境电商出口发货 ……………………………………………… 077
　　任务一　了解速卖通线上发货 / 080
　　任务二　认识FBA发货 / 103

项目五　了解跨境电商运输 ……………………………………………… 127
　　任务一　学习跨境海运管理 / 130
　　任务二　学习跨境空运管理 / 151
　　任务三　了解中欧班列 / 159

项目六　跨境电商仓储 …………………………………………………… 169
　　任务一　了解海外仓及运营 / 172
　　任务二　学习仓储库存管理 / 181

项目七　跨境电商配送 …………………………………………………………… 189
　　任务一　了解邮政物流配送 / 192
　　任务二　了解国际商业快递配送 / 200
　　任务三　了解专线物流配送 / 208

参考文献 ……………………………………………………………………………… 214

项目一 基础知识

Project One

任务一　认识跨境电商物流

任务二　熟悉跨境电商企业物流运作模式

项目导航

　　本项目将带你了解跨境电商物流的基础知识。任务一将全面介绍跨境电商物流的基本内容,包括物流的基本概念、物流的基本功能要素、跨境电商的基本概念和特点、跨境电商物流的基本概念和特点,并进一步阐释跨境电商物流管理的过程,根据场景分析各个跨境电商平台物流的独特性。

　　任务二将进一步介绍跨境电商企业物流运作模式,明确信息流、资金流、物流的基本概念及其关系,梳理跨境电商物流活动流程。此外,本项目还将根据场景分析不同类型的跨境电商企业物流运作模式的差异性,让你对跨境电商物流有一个初步理解。

项目导学

  本项目将初步介绍跨境电商物流的各个方面，旨在提升学生在未来实践操作中的应用能力。

  首先，回顾跨境电商物流的发展历程，介绍其基本概念和基本功能要素。深入探讨运输、储存、装卸搬运、包装、流通加工、配送和信息处理等各个环节，及其如何协同工作以确保商品的高效流通。同时，还将关注现代物流的特点和发展趋势，为读者提供前瞻性的视野。

  接下来，介绍跨境电商的基本概念、特点和发展现状，分析跨境电商与传统贸易的区别和联系，引导读者更好地理解跨境电商的本质和价值。

  在进一步的探讨中，我们将详细解读跨境电商物流的概念、特征及其增值服务，深入解析跨境电商物流的运作模式，包括直邮模式、海外仓模式等，并分析它们各自的优缺点和适用场景。同时，关注跨境电商物流面临的挑战和机遇，探讨应对策略和建议。

  最后，通过实际案例分析来巩固理论知识。通过菜鸟裹裹的跨境电商物流案例，分析它们在实际操作中的应用和效果，将理论知识与实际操作相结合，以提升读者解决问题的能力。

任务一　认识跨境电商物流

◆ **素养目标**

1. 养成独立思考、自主学习的习惯，提高见解表达能力。
2. 适应环境的新变化，增强行业前沿意识，挖掘新的可能。
3. 树立大局观，学会从整体的角度去思考问题并做出决策，提高自身的综合素养和竞争力。

◆ **知识目标**

1. 掌握物流的基本概念和基本功能要素。
2. 了解跨境电商的基本概念和特点。
3. 掌握跨境电商物流的基本概念、特征和增值服务。

◆ **技能目标**

1. 能正确解读并准确判断跨境电商物流管理的过程。
2. 能根据场景分析各个跨境电商平台物流的独特性。

二维码 1-1
基础知识微课

一、物流的基本概念和基本功能要素

（一）物流的基本概念

物流概念最早源于 20 世纪初的美国，发展至今共历经了三个阶段：物流的孕育阶段、物流的分销物流学阶段、现代物流学阶段。二战中，美军围绕战争物资供应而建立了"军事后勤"（Logistics）理论，战后"Logistic"作为物流术语被广泛采用，成为全球范围内物流管理和供应链管理的重要概念。20 世纪 50 年代初，物流在英文

中被定义为"PD"（Physical Distribution，物流配送）。随着全球工业化的进一步发展，物流行业出现了专业的第三方，并建立了系统工程。现代物流因计算机及信息通信技术的运用而迅速发展，引发了社会的关注，推动了社会的变革。

二维码1-2 现代物流高质量发展的"新蓝图"

我国国家标准《物流术语》（GB/T 18354—2006）将物流定义为：从供应地向接收地的实体流动过程。根据实际需要，可以将运输、储存、装卸搬运、包装、流通加工、配送、信息处理等基本功能实施有机结合。

（二）物流的基本功能要素

1. 运输

运输是指利用载运工具、设施设备及人力等运力资源，使货物在较大空间中产生位置移动的活动。

运输是物流的主要功能要素之一。运输不改变物品的实体形态，不增加物品产量，但会消耗大量的人力、物力、财力等。相关分析显示，运输费用在全部物流费用中的占比较高，接近50%，有些物品的运输费用甚至高于其生产费用。因此，合理组织运输能有效地降低物流费用。

2. 储存

储存是指贮藏、保护、管理物品。储存是物流中的重要环节，既有缓冲与调节的作用，又有创造价值与增加效用的功能。在社会生产与生活中，由于生产与消费节奏不统一，总会存在暂时不用或留待以后使用的物品。在生产与消费或供给与需求的时间差中，物流企业需要确保物品始终具有有用性。随着社会经济的发展，消费者的需求逐渐呈现出个性化、多样化的特点，企业的生产方式也在向多品种、小批量的柔性生产方式转变，物流仓库的功能从单纯的重视保管效率的提高转变为重视流通功能的实现。

3. 装卸搬运

装卸是指在运输工具间或运输工具与存放场地（仓库）间，以人力或机械方式对物品进行载上、载入或卸下、卸出的作业过程。搬运是在同一场所内，以人力或机械方式对物品进行空间移动的作业过程。

装卸和搬运是介于物流活动各环节之间，起衔接作用的活动。装卸和搬运活动出现的频率高于其他各项物流活动，是影响物流速度的关键因素。装卸和搬运活动消耗的时间越长，耗费的人力、物力成本就越高，装卸和搬运费用在全部物流费用中的占比也就越高。例如，我国铁路运输的始发及到达的装卸和搬运费用大致占总运费的20%。此外，装卸和搬运过程中，也可能造成物品破损、散失、损耗等。

4. 包装

包装指为在物流过程中保护产品、方便储运、促进销售，按一定技术方法而采用的容器、材料及辅助物等的总称。包装也指为达到上述目的而在采用容器、材料和辅助物的过程中施加一定技术方法的操作活动。

包装活动处于生产过程的末尾和物流过程的开头，既是生产的终点，又是物流的起点。包装与运输、储存、装卸和搬运关系密切，具有保护性、单位集中性和便利性三大特征，同时在营销中具有保护商品、促进销售和增加利润的作用。

5. 流通加工

流通加工指根据客户的需要，在流通过程中对产品实施的简单加工作业活动的总称。

流通加工对流通过程起到补充、完善、提高、增强的作用，是提高物流水平、促进流通向现代化发展的不可缺少的环节。

6. 配送

配送指根据客户的要求，对物品进行分类、拣选、集货、包装、组配等作业，并按时送达指定地点的物流活动。

配送是物流系统的意义和价值的体现，只有在客户希望的时间内，以客户希望的方式，将客户需要的物品送到客户指定的地点，客户才会满意。配送活动大多以配送中心为起点，而配送中心本身大多具备储存物品的功能。

7. 信息处理

物流信息是反映物流各种活动的知识、资料、图像、数据的总称。物流信息处理活动贯穿于从生产到消费的物流活动的整个过程，与物流活动过程中的运输、储存、装卸、包装等各种功能要素有机结合在一起，是整个物流活动顺利进行不可缺少的环节。

物流活动会产生大量的信息。现代物流与传统物流最主要的区别体现在现代物流活动会对这些信息进行有效管理。物流信息分为系统内信息与系统外信息。系统内信息对物流活动中的各个环节起着联系、协调的纽带作用，如车辆选择、线路选择、库存决策、订单管理等。系统外信息有市场信息、商品交易信息等。要想提高物流服务水平，必须掌握准确的物流信息。现代物流管理以对互联网和计算机技术的运用为基础，为实现物流的系统化、合理化、高效率提供了技术保证。

二、跨境电商的基本概念和特点

（一）跨境电商的基本概念

跨境电子商务，是指分属不同关境的交易主体（个人或企业），通过电子商务平台达成交易、进行支付结算,并通过跨境物流送达商品、完成交易的一种国际商业活动。

(二)跨境电商的特点

1. 成本低

传统国际进出口贸易环节多、时间长、成本高,而跨境电子商务可以直面终端消费者,大大降低了企业走出国门的成本和消费者的购买成本。

2. 速度快

海外采购商在平台上下订单后,依托高效的物流体系,可以使货品在1~2周内到达买家手中。

3. 易上手

商家和客户通过跨境电商平台,可以更方便地进行购物交易。

4. 通关效率高

跨境电商的发展受到各国的积极鼓励,同时,跨境电商货物的通关效率高,贸易便利化程度也得到了显著提升。

5. 物流是短板

物流费用高是跨境电商的一大短板,须降低物流成本满足消费者小批量采购需求。

三、跨境电商物流的基本概念、特征和增值服务

(一)跨境电商物流的基本概念

结合我国国家标准《物流术语》对物流的定义以及跨境电商的特点,我们将跨境电商物流定义为:在电子商务环境下,依靠互联网、大数据、信息化与计算机等先进技术,使物品从跨境电商企业流向跨境消费者的跨越不同国家或地区的物流活动。

(二)跨境电商物流的特征

相较于传统国际物流,跨境电商物流有着反应快速化、功能集成化、作业规范化、信息电子化、服务系统化等特征。相较于国内物流,跨境电商物流具有广阔性、国际性、高风险性、高技术性、复杂性等特征。

第一，跨境物流活动多集中于东南沿海地区，中西部地区较少。环渤海地区、长三角、珠三角等沿海地区经济较为发达，跨境运输需求旺盛，加之这些地区海运、空运等基础设施较为完善，因此，对货源的争夺和对运力资源的争夺最为激烈。中西部地区跨境运输需求较少，且运输成本较高，因此这些地区国际货代服务资源投入较少。

第二，区域内或单一行业竞争激烈，跨地区、跨行业的竞争较少。跨境物流行业尽管市场竞争者众多，但受资金实力、管理和技术能力的要求所限，加之全国物流市场的相互割裂，某一区域市场的企业之间的竞争会更加激烈，例如长三角区域跨境物流企业之间的竞争。同时，跨境物流企业对某一行业的客户资源的争夺也较为激烈，例如不同跨境物流企业对电子制造行业的客户资源的争夺。而跨地区、跨行业的竞争则相对较少。

第三，服务功能单一，增值服务较少，同质化竞争现象较为严重。大部分跨境物流企业只能提供海运物流或者空运物流等单一的服务，能提供多式联运（如海空联运）并满足客户其他不同需求的跨境物流企业较少；同时，大部分跨境物流企业提供的跨境物流服务局限于报关、订舱等传统服务，很少能提供运输方案优化设计、综合物流等服务，因此企业之间的同质化竞争现象较为严重。

从事跨境电商物流的企业可分为以下几类。

（1）在传统邮政、快递、运输业的基础上发展起来的跨境电商物流企业，如UPS、FedEx、DHL、TNT等四大国际快递公司以及我国的顺丰、申通等。

（2）传统零售业或者大型制造企业组建发展的跨境电商物流企业，如苏宁物流、海尔物流、沃尔玛物流等。

（3）电商企业自建物流，如京东物流等。

（4）跨境电商物流联盟企业，如菜鸟网络等。

（5）新兴跨境电商物流企业，如出口易、4PX（递四方）等。

（三）跨境电商物流的增值服务

1. 提供海外合规建议及咨询

一些物流服务企业专门成立了合规、独立运营的部门，为卖家提供包括《出口美国注意事项》、FDA（Food and Drug Administration，美国食品药品监督管理局）认证等合规性建议。

2. 海外扣件货物处理

专业的物流服务企业提供的协助清关服务可以有效帮助跨境电子商务客户避免货物被海关扣件的风险。

3. 退货换标处理

物流服务企业可以在海外仓为客户提供换标处理服务，并重新打包产品，让产品重新获得价值，避免货物损失。

4. 海外仓库存索赔处理

物流服务企业可以提供 FBA (Fulfillment By Amazon, 亚马逊物流服务) 库存索赔服务, 当客户提出相关需求时, 物流服务企业会根据情况帮忙拟好申诉邮件, 由客户把邮件发给 FBA, 帮助客户在 48 小时内拿到赔偿。

任务描述

◆ 任务情境

小李到某网络科技有限公司实习, 作为刚入行的新人, 他需要具备一定的跨境电商物流人的专业素养, 但他不知道从哪方面下手。他询问了公司经理, 公司经理建议小李先从案例分析来了解跨境电商物流的相关概念和特点, 其中一个案例是"复刻 SHEIN"。

复刻 SHEIN

SHEIN (中文名简称: 希音) 是近年来中国企业"走出去"的一个典型, 作为跨境快时尚电商企业, 其在国外市场的知名度堪比国内的淘宝。

SHEIN 把"多供应商供货"模式发挥到了极致。SHEIN 的制衣订单基本上都分散在成百上千家中国供应商手中, 这些供应商大多是集中在广州番禺的中小型制造工厂, SHEIN 给这些供应商的单次单量可能只有几百件, 在筛选供应商时 SHEIN 也会要求供应商能够接受 100~500 件的小订单, 即推出新款服装时, 先上线小批量的测试款, 再根据市场反馈, 多次追加小批量订单。这种模式就是服装供应链领域常说的"小单快返"。

为了避免仓库多次发货导致爆仓、断货的状况, SHEIN 推出了 JIT (just in time, 准时制, 一种库存管理和生产策略, 核心思想是在按照客户需要的数量生产或采购需要的物品或材料, 以减少库存成本, 提高适应市场变化的能力) 的发货模式。例如, 一款新品上线, SHEIN 运营部门会根据新品情况先行向供应商下一个 300 件的订单, 但这 300 件不会要求供应商一次性发出, 而是按照一定的逻辑多次触发送货任务, 比如触发的条件是周销≥30 件。

有 SHEIN 供应商表示, 在产品销量好、有可能成为爆款的情况下, 有时候第一批货还没有做完, 下批货就已经下单了。这种柔性的碎片化订单, 虽然会提升供应商的制作成本, 但好处在于, SHEIN 回款快, 新合作的供应商可以月结, 随着供应商等级的提升, 最快可以实现货款周结, 这也是供应商愿意跟 SHEIN 合作的原因之一。

除了有 OEM（original equipment manufacturer，原始设备制造商，即买手发图，工厂看图打版）、ODM（original design manufacturer，原始设计制造商，即自主开发设计）的合作模式，SHEIN 也支持 OBM（original brand manufacturer，原创品牌制造商模式，即供应商具有自主品牌和商标），这也是明显区别于优衣库和 ZARA 的地方。目前已知的第三方入驻品牌有 Unifee、Jazzevar、Genanx 等，这些品牌在淘宝也拥有店铺。品牌合作方越来越多，也是促进 SHEIN 的日上新量从 200＋，增加到 2000＋，再到现在 5000＋的重要原因。

真正将供应链前端的消费者与供应链后端的成百上千家供应商连到一起的，是一款叫作 GMP（give me product，中文名称：给我货）的特定的库存管理系统。2019 年前后，SHEIN 上线了 GMP 库存管理系统的移动端版本。这使得 SHEIN 的供应商能够通过微信公众号接收 SHEIN 发出的待确认版单、打版中、待确认商品信息、下单补货等各种通知。这也是为什么 SHEIN 在各类招商明细中强调供应商要能够使用系统、具备快速学习和反应能力的原因。而当市场行情、测款数据、消费者订单等前端供应链各环节的信息能够通过底层系统、前端应用实时回传，SHEIN 小单快返的运营逻辑就能够跑通。

SHEIN 颇具吸引力的招商条件，是"五个无"：无保证金、无入驻费、无推广费、无销售佣金、无国际物流费。供应商只需要在 SHEIN 下达了生产指令后按时完成订单，并将货物运往 SHEIN 指定的国内中心仓。之后的问题，比如国际物流的价格波动、目的地物流最后一公里的配送方法、售后服务、销售引流等，SHEIN 将以"大家长"似的方式全盘搞定。按照 SHEIN 模式，供应商/品牌方只需要承担产品成本、货物从工厂到 SHEIN 中心仓的成本两大块即可。

不过，在国内物流服务方面，SHEIN 也为供应商提供了两种"端到端"的国内物流服务方式。第一种方式是，供应商将货物就近送往指定地点，合作物流企业取货后将其送往 SHEIN 中心仓；第二种方式是，供应商将货物自主送往 SHEIN 中心仓。由于 SHEIN 的核心供应商集中在广州番禺 SHEIN 附近，供应商的成本大头其实集中在产品生产的前期。同时，由于 SHEIN 集中了成百上千家供应商的货物，拥有把大规模货物运往全球的能力，其在与物流公司的谈判中也拥有更多议价空间。也就是说，SHEIN 凭借规模化运输、集约化管理的方式，大幅缩减了原来在 FBA 模式下的跨境电商供应链中成本占比最大的物流成本。规模化并非只在物流环节生效，在跨境电商销售流量获取这一最重要环节，SHEIN 和它的供应商们也是获益者。

◆ 任务要求

在理解跨境电商物流概念、特点和增值功能的基础上，分析 SHEIN 是如何避免"牛鞭效应"影响的，并比较 SHEIN 的物流模式与 FBA 物流模式的区别。

➤ 任务实施

[步骤1] 理解"牛鞭效应"与跨境电商供应链的基本概念

"牛鞭效应"是经济学的一个术语,指供应链上的一种需求变异放大现象,信息流从客户端向供应商端传递时,因扭曲而逐级放大,导致信息偏差和管理错乱,这种信息扭曲的放大现象用图形来演示,就很像一个甩起的牛鞭,因此被形象地称为"牛鞭效应"。

跨境电商供应链是指在满足国外顾客需求的过程中直接或间接涉及的所有环节,参与者包括制造商、供应商、国际物流公司、仓储中心、分销商,甚至国外顾客本身。

[步骤2] 分析SHEIN是怎么避免牛鞭效应影响的

与传统跨境电商物流不同,SHEIN前链和后链通过数字化系统GMP和JIT,在移动端微信公众号上发出待确认版单、打版中、待确认商品信息、下单补货等各种通知,以小单快返,多次达到条件才触发订单的模式灵活调整生产经营活动,紧跟市场需求,避免牛鞭效应。

SHEIN与多品类供应商合作,通过"五个无"招商条件吸引优质供应商,保证稳定交付,使供应商的成本缩减,流程简化。SHEIN通过多供应商供货集中运输避免零散运输对送达时间的影响,从而避免"牛鞭效应"。

[步骤3] 比较SHEIN的物流模式与亚马逊平台物流模式的区别

SHEIN是"大家长"式的物流网络模式,主要依赖第三方物流合作伙伴进行全球运输和配送;而亚马逊平台的物流网络模式中,商家拥有更多物流选择,包括自有物流公司和仓储设施(见图1-1)。

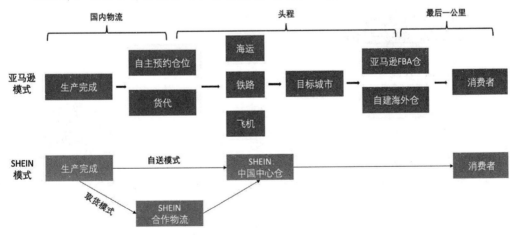

图1-1　SHEIN与亚马逊平台物流模式对比图

任务评价

任务完成度评价表如表 1-1 所示。

表 1-1 任务完成度评价表

层级	评价内容	满分	得分	自我评价
1	充分理解"牛鞭效应"和跨境电商供应链的概念；充分理解 SHEIN 的供应链物流模式是如何避免受到"牛鞭效应"影响的；能准确画出 SHEIN 物流与亚马逊平台物流的模式图	10		
2	大致理解"牛鞭效应"和跨境电商供应链的概念；大致理解 SHEIN 的供应链物流模式是如何避免受到"牛鞭效应"影响的；能大致画出 SHEIN 物流与亚马逊平台物流的模式图	8		
3	部分理解"牛鞭效应"和跨境电商供应链的概念；部分理解 SHEIN 的供应链物流模式是如何避免受到"牛鞭效应"影响的；能画出 SHEIN 物流与亚马逊平台物流的模式图	6		
4	小部分理解"牛鞭效应"和跨境电商供应链的概念；难以理解 SHEIN 的供应链物流模式是如何避免受到"牛鞭效应"影响的；能画出 SHEIN 物流与亚马逊平台物流的模式图	4		
5	很难理解"牛鞭效应"和跨境电商供应链的概念；难以理解 SHEIN 的供应链物流模式是如何避免受到"牛鞭效应"影响的；能画出部分 SHEIN 物流与亚马逊平台物流的模式图	2		
6	完全不理解"牛鞭效应"和跨境电商供应链的概念；不能理解 SHEIN 的供应链物流模式是如何避免受到"牛鞭效应"影响的；不能画出 SHEIN 物流与亚马逊平台物流的模式图	0		

项目综合测评

一、单项选择题

1. 以下哪一项与物流不相关？（　　）
   A. 商流　　　　　　　　B. 信息流
   C. 价值流　　　　　　　D. 资金流

2. 自建物流可分为两大体系，第一种是以阿里巴巴公司为代表的平台物流体系，另一种是以（　　）为代表的供应链物流体系。
   A. 德邦　　　　　　　　B. 顺丰
   C. 京东　　　　　　　　D. 申通

二维码 1-3 项目一任务一
综合测评答案

3. （　　）是指信息流从客户端向供应商端传递时，因扭曲而逐级放大，导致需求信息出现较大的波动。

A. 晕轮效应　　　　　　　　　B. 信息流
C. 供应链金融　　　　　　　　D. 牛鞭效应

二、多项选择题

1. （　　）是物流的主要功能。
A. 包装　　　　　　　　　　　B. 装卸搬运
C. 流通加工　　　　　　　　　D. 储存或运输

2. 区别于传统国际物流，跨境电商物流具有哪些特征？（　　）
A. 反应快速化　　　　　　　　B. 功能集成化
C. 作业个性化　　　　　　　　D. 信息电子化
E. 服务系统化

三、判断题

1. 物流有运输、储存、装卸搬运、包装、流通加工、配送、信息处理七个基本功能要素。　　　　　　　　　　　　　　　　　　　　　　　　　　（　　）
2. 运输既是生产过程的末尾，又是物流过程的开头。　　　　　　（　　）
3. 跨境电子商务物流的运输周期问题已经成为跨境电子商务发展过程中的重要问题。　　　　　　　　　　　　　　　　　　　　　　　　　　　（　　）

四、实务操作题

1. 啤酒游戏结束后，统计各自存货、欠货、销量及利润数据，上交各自表格及统计数据。
2. 关于啤酒游戏，你有什么样的心得体会？

二维码1-4　啤酒游戏规则

任务二　熟悉跨境电商企业物流运作模式

任务目标

◆ 素养目标
1. 养成独立思考、自主学习的习惯。

2. 提高分析问题和解决问题的能力。

3. 养成见微知著、以小见大的思维习惯，树立正确的世界观、人生观、价值观。

◆ 知识目标

1. 了解信息流、资金流、物流的基本概念及其关系。
2. 了解跨境电商物流活动流程。
3. 熟悉跨境电商企业物流运作模式。

◆ 技能目标

1. 能正确解读及准确判断跨境电商企业所采用的物流运作模式。
2. 能根据场景分析不同跨境电商企业所采用的物流运作模式的差异性。

知识储备

一、跨境电商供应链中的信息流、物流和资金流

跨境电商供应链系统有信息流、物流和资金流三个重要因素。不同的跨境电商服务企业从不同方向切入，对"三流"进行有效整合，构建不同的业务模式。

（1）信息流。采用以企业信息流为主要切入点的，主要是中小型的B端的跨境电商服务企业，例如上游的提供采购工具、库存管理、OMS（Order Management System，订单管理系统）等服务的供应商。以信息流为切入点是企业进入跨境电商行业最简单的方法，而这种跨境电商服务企业最大的困难在于如何建立后续的盈利模式。

（2）物流。如今经营跨境物流业务的企业越来越多，涉及的环节也很多，如国际物流、国内物流、海外仓、国内仓等。如何做好服务标准化，与信息流相结合提高服务质量，是采用以物流为切入点的跨境电商服务企业重点关注的内容。

（3）资金流。企业以资金流为切入方向，往往需要有效整合和协同推进信息流和物流，将发展重点放在保证供应链金融系统的安全、高效上。

二、跨境电商物流活动流程

跨境电商物流的运作流程包括订单接收与处理、运输和出口清关、国际运输和入境清关、目的地配送和交付、售后服务和回程物流等五个主要环节，每个环节都相互

连接，共同构成了一个复杂的供应链网络。在这个过程中，物流公司、海关、仓储和配送等各个环节的主体需要密切配合，以确保跨境电商的顺利运作，为消费者提供便捷的购物体验。

二维码1-5　跨境物流提速增效让出海更快

（一）订单接收与处理

跨境电商物流运作流程的第一个环节是订单的接收与处理。消费者在跨境电商平台上下单后，订单信息将被传送给物流供应链相关环节所涉主体。物流供应链中的相关企业会根据订单信息，进行商品的分拣、包装和标记等工作，确保商品的准确和完整。

（二）运输和出口清关

接下来，商品将被运输到国际物流枢纽或口岸，相关企业负责办理出口清关手续。清关流程包括报关、检验检疫等，以确保商品合法出境，同时符合目的国家的法律法规和标准。出口清关完成后，商品将进入国际运输环节。

（三）国际运输和入境清关

在国际运输环节，商品将通过不同的运输方式（如海运、空运、陆运等）被运送到目的国家。到达目的国后，还需要办理入境清关手续。目的国的海关将对商品进行检查、认证，确保商品的合法性和安全性。

（四）目的地配送和交付

入境后，商品将进入目的地配送环节。根据物流供应链订单信息，相关企业会将商品送至消费者指定的地址。这可能涉及最后一公里的配送问题，如快递公司的派送服务能否确保商品及时、安全地送至消费者手中。

（五）售后服务和回程物流

商品交付成功后，跨境电商物流的运作流程并未结束。消费者在商品的使用过程中，如果发现质量问题而提出退货或其他售后需求，物流供应链也需要提供相应的售后服务。此外，如果消费者选择退货，商品就需要通过回程物流，退回到原始发货地。

三、跨境电商企业物流运作模式

常见的跨境物流运作模式包括直邮模式、转运模式、合作仓储模式、集货中心模式、合作物流商模式、电商平台模式。每种模式都有其特点和适用场景，企业可以根据自身情况选择最合适的模式，以提高物流效率，降低物流成本。

（一）直邮模式

直邮模式是指跨境电商将商品直接从境外邮寄给国内消费者的一种模式。这种模式通常需要跨境电商平台与国外邮政服务机构建立合作关系，将商品从境外仓库直接邮寄到国内消费者手中。直邮模式相对简单，消费者可以直接在跨境电商平台上下单，跨境电商平台通过快递服务来实现商品的运送。直邮模式节省了转运环节，因此物流的用时相对较短，而且清关手续也会相对简化。

（二）转运模式

转运模式是指跨境电商平台将商品从境外直接发货至其位于国内的转运仓库，然后再将商品进行拣选、打包，利用国内快递服务或物流运输体系将商品逐一配送给消费者的一种模式。转运模式通常需要跨境电商平台在国内设置转运仓库，以便进行商品的拣货、包装和分送等处理工作。这种模式相对来说更加灵活，可以根据消费者的需求进行拆单和合单，提高物流效率。同时，转运模式还能够更好地控制商品的质量和库存，降低运输成本。

（三）合作仓储模式

合作仓储模式是指跨境电商平台和境外仓储服务商进行合作，在境外设置仓库来储存商品，消费者下单后由仓储服务商进行包装和发货。这种模式可以有效降低跨境电商的物流的成本，并且能够更好地控制库存，提高响应速度。同时，合作仓储模式还避免了关税缴纳手续和清关手续的烦琐，消费者能够更快地收到商品，减少了等待时间。

（四）集货中心模式

集货即收货，集货中心模式是指在跨境贸易中，通过设立集货中心，在境外进行商品集中采购和集中发货。集货中心可以根据不同地区的需求进行商品的采购和库存管理。集货中心集中采购后，再将商品进行集中发货，提供更高效、更快速的跨境物流服务。这种模式比较适合有大量商品集中采购需求的企业，能够降低商品运输成本和库存成本。

（五）合作物流商模式

合作物流商模式指跨境电商平台与境外物流服务商进行合作，共同承担商品的运输、仓储和分销工作。在这种模式下，跨境电商平台将商品委托给物流服务商，由物流服务商负责整个供应链的运作。合作物流商模式能够更好地整合物流资源，提供更全面、更专业的物流服务，提高物流效率和服务质量。

（六）电商平台模式

电商平台模式是指跨境电商平台通过自建物流系统，提供完整的物流服务的一种模式。在这种模式下，跨境电商平台通过与快递、货代等物流企业合作，自建物流配送网络，实现商品的仓储、分拣和配送。这种模式的优势在于企业能够更好地掌控物流环节，提高物流效率和质量，同时也能够降低物流成本。

任务描述

◆ 任务情境

小李到某网络科技有限公司实习，作为刚入行的新人在学习完跨境电商物流相关的基本概念之后，公司经理建议小李进一步了解关于跨境电商企业物流运作流程的案例，以便更好地了解当今物流的运作模式。

成为全球化跨境物流商，菜鸟做了什么？

走过迷茫的探索期，菜鸟日趋成熟。在2022财年，菜鸟为阿里集团贡献了668亿元收入，同比增长27%，其中69%来自外部客户，这主要得益于跨境电商、国内供应链等业务的增长。菜鸟是阿里商业版图的重要物流支撑，自2013年成立以来，逐步扩大业务范围，夯实物流技术能力，现已成长为全球化产业互联网公司。

截至2022年，菜鸟在全球物流领域拥有9个海外自营分拣中心，物流业务覆盖全球200多个国家和地区，日均跨境包裹量超过450万件。

通过打破传统跨境的专线运营模式，菜鸟逐渐构建起全球一体化的跨境数智化物流，并将近年来快速发展的数智化技术运用到海外市场，支撑海外业务的发展。

一、全球一体化的物流能力

跨境贸易风口正盛，电商物流纷纷抢滩。据艾瑞咨询的数据和预测，中国跨境出口电商物流市场规模快速增长，到2025年市场规模有望达到3.6万亿元。传统跨境物流多以专线为主，但随着跨境电商行业迎来爆发式增长，需求量飙升，专线模式难以支撑如此庞大的业务量。菜鸟直面这一问题，构建覆盖全球的数智化物流网络，实现从专线到网络效应的升级，这也是菜鸟领先同行的关键。跨境电商物流的核心竞争力在于企业对整条供应链的把控，菜鸟的网络基建正是其跨境物流供应链的核心基建。

形象地说，菜鸟跨境物流在"点线面"上进行了多维度的建设。

在"点"上，菜鸟布局了电子世界贸易平台eWTP，其中包含数字贸易中枢eHub，及保税仓、海外仓等各类跨境电商基础设施，覆盖多个国家的末端自提网络，助力全球中小企业发展并满足阿里业务出海需求。

在"线"上，菜鸟的全球物流网络覆盖 224 个国家和地区，为全球速卖通 75% 以上的中小企业出口提供服务，包裹量占比超过 90%，还提供从到港到运输再到申报的一站式服务，形成了强大的物流支撑。

至于"面"，菜鸟已经搭建起覆盖欧洲多国的卡车网络，该网络以菜鸟列日数字物流枢纽（eHub）为中心连接欧洲核心国家。与菜鸟合作后，列日机场的货运量和电商包裹量均实现了显著增长，成为欧洲增长最快的货运机场之一。

得益于菜鸟在物流基础设施上的大力投入，以及频繁的包机服务，即便在疫情和地缘政治等不稳定因素的影响下，菜鸟跨境物流依然展现出强大的稳定性和韧性。这种多维度、全方位的建设策略，让菜鸟在全球跨境物流领域脱颖而出，成为行业的佼佼者。

2020 年菜鸟在物流平台的自然渗透率提升 20 个百分点。这些成绩得益于菜鸟独特的物流架构：将跨境物流划分为 A 至 D 四段。其中，A 段包括国内的揽收、分拣；B 段是干线段，包含航空货站以及中间的一些包裹配舱、飞机调度等；C 端即从目的国所在大区到目的国之间的段落，例如从列日 eHub 到法国的中间流程就属于 C 段；D 段则是包裹在目的国的分拣、配送等。分段协同工作，能确保物流高效稳定。同时，数智化技术也助力其提供差异化服务，如智能合单功能，可以将同一买家的多笔订单合成一个包裹来寄送，提高寄送效率并降低物流费用。

此外，菜鸟在跨境物流方面的优势还包括海外本地化运营、阿里电商平台的商流支撑，以及技术的持续投入。这些因素共同奠定了菜鸟在跨境物流领域的领先地位。

二、深耕数智化

长久以来，传统跨境物流具有人工成本高企、数字化程度低、缺乏统一标准等特点，而菜鸟实现弯道超车的关键在于深耕数智化。菜鸟打造的一系列数智化基础设施及 IoT 设备助力其业务高效运作，同时帮助整体行业加快数智化转型。比如，RFID（射频识别技术）被认为是继条形码、二维码之后的第三代识别技术。有了 RFID 后，相当于每件货物都有一张"电子身份证"，在节点交接的过程中，就不需要人工了，这项技术一般被用于货物盘点、出入库交接，以及全链路追踪。

此前该技术在复杂物流环境下的识别准确率并不高，因此并未大规模投入应用。而到 2022 年，菜鸟已将识别准确率大幅提升到 99.8%，并在跨境物流的多个环节中使用 RFID，效率与准确率得到提升，成本则大幅降低。

此外值得一提的还有菜鸟在印尼、马来西亚、新加坡、越南、泰国、菲律宾等东南亚多国落地的"Apollo 系统"。

东南亚是近年来电商发展较快的市场之一，但当地的物流水平相对落后。根据环球网的报道，通过"Apollo 系统"，东南亚各国的商家、快递物流公司、仓库、转运中心和消费者之间，第一次被统一的物流中台连接起来，相当于给当地物流换了一个"数字大脑"。全新的物流技术中台运行半年多的时间里，包裹配送的时效预测准确率提高了50%，东南亚核心六国电商与物流信息不匹配的发生率仅为原来的2.7%，包裹投递的单均成本降低10%。

三、发力海外本地化

要做全球物流，仅有跨境物流是不够的，还需攻克海外本地化难题。物流技术出海需要解决的难题包括但不限于物流场景多样、需求差异化、疫情及地缘政治复杂等。尽管困难重重，菜鸟仍稳步推进海外本地化物流业务，如在法国、西班牙等国推动本地快递业务。其优势在于产品灵活配置，依托数智化能力满足各地特定需求，而不一定需要重新研发、升级。同时，相较国内，一些国家和地区对技术出海的容错率极低，面对这一问题，菜鸟重视技术团队，整体上技术人员占比达40%以上，在海外多国部署产品技术团队支持本地化业务的研发。

未来，菜鸟将升级实操系统，建设数智化国家分拨中心、本土化配送及末端系统等。如何将跨境物流与本地化物流更好地进行衔接，形成整体化的全球物流能力，对菜鸟技术与产品能力是一大考验。

（注：案例来源于阿里云《成为全球第四大跨境物流商，菜鸟做了什么？》）

◆ 任务要求

根据菜鸟跨境物流的运作模式及其特点，分析菜鸟成为全球化跨境物流商的原因。

任务实施

[步骤1] 概括菜鸟的海外布局模式和技术

菜鸟物流通过布局建设对外契合全球中小企业发展趋势、对内承接阿里业务出海需求的电子世界贸易平台eWTP，如数字贸易中枢eHub和跨境电商基础设施的"点"；覆盖了全球224个国家和地区并能提供"到港＋运输＋申报"一条龙服务的"线"；覆盖德国、法国等欧洲国家，用于欧洲进出口业务"面"，构建起全球一体化的跨境数智化物流。

菜鸟物流将RFID（射频识别技术）用于货物盘点、出入库交接，以及全链路追踪。

[步骤2] 分析菜鸟物流运作模式

菜鸟采用分段协同的物流运作模式，将整个跨境物流分成A段、B段、C段、D段，让菜鸟能够更直观地掌握物流各个要素，并优化SOP（Standard Operating Procedure，标准作业程序）。

菜鸟通过其数智化和一体化能力为不同国家提供差异化服务。同时，菜鸟物流依托阿里系电商平台的商流支撑及其在技术方面的持续投入等，实现多平台海外本地化。

[步骤3] 分析菜鸟成为全球化跨境物流商的原因

（1）"点线面"结合的全球一体化的跨境数智化物流。

（2）通过运用RFID，结合本地需求的本土化系统，分段协同掌握物流各个要素进行全链路追踪，提高数据准确率，实现供应链各端可视化和规模化。

（3）大力投入物流基础建设，运输频率高，供应链韧性强。

（4）重点支持本地化业务的研发，产品技术团队技术过硬，实现差异化服务。

任务评价

任务完成度评价表，如表1-2所示。

表1-2 任务完成度评价表

层级	评价内容	满分	得分	自我评价
1	能充分分析菜鸟物流的运作模式；能准确完整地概括菜鸟成为全球化跨境物流商的原因	10		
2	能大致分析菜鸟物流的运作模式；能大致概括菜鸟成为全球化跨境物流商的原因	8		
3	能概括菜鸟物流的运作模式；能概括大部分菜鸟成为全球化跨境物流商的原因	6		
4	能解释"三流"与跨境电商物流的相关概念；能概括小部分菜鸟成为全球化跨境物流商的原因	4		
5	能解释部分跨境电商物流的相关概念；不能准确概括菜鸟成为全球化跨境物流商的原因	2		
6	完全不能分析菜鸟物流的运作模式；完全概括不出菜鸟成为全球化跨境物流商的原因	0		

项目综合测评

一、单项选择题

1. 跨境电商的"三流"指的是（　　）。

A. 信息流、产品流、技术流

B. 信息流、产品流、物流
C. 产品流、技术流、资金流
D. 信息流、物流、资金流

2. 以下哪种模式不是跨境电商企业常见的物流运作模式？（ ）

A. 直邮模式　　　　　　　　B. 转运模式
C. 海外代购模式　　　　　　D. 合作仓储模式

3. 在国际运输阶段，商品可以通过哪些方式被运送到目的国家？（ ）

A. 仅有海运　　　　　　　　B. 仅有空运
C. 海运、空运、陆运等　　　D. 快递专送

4. 跨境电商物流的运作流程不包括以下哪个环节？（ ）

A. 订单接收与处理　　　　　B. 国内配送与安装
C. 运输和出口清关　　　　　D. 目的地配送和交付

二维码1-6　项目一任务二综合测评答案

二、简答题

请结合实际论述跨境电子商务的发展对企业物流的影响。

项目二　跨境电商选品与采购

Project Two

任务一　掌握跨境电商选品技巧

任务二　了解跨境电商采购流程

项目导航

本项目将深入剖析跨境电商选品与采购的过程与策略。在任务一中，我们将共同学习跨境电商选品的概念，以及它如何影响跨境电商的整体运营。通过对市场、产品、货源等主要选品维度以及不同选品方法的学习，掌握跨境电商选品的核心技巧，为后续的采购和运营工作奠定坚实基础。

在任务二中，我们将学习跨境电商采购环节的相关知识，理解跨境电商采购的概念，明确其在跨境电商运营中的核心地位和作用。我们还将全面了解跨境电商采购的流程，包括制定采购计划、开发供应商、谈判与签订采购合同、EOQ（Economic Order Quantity，经济订货批量）订货、评估采购绩效等各个环节。通过对本任务学习和实践，全面提升跨境电商采购素养、知识和技能，为跨境电商的成功运营提供有力保障。

项目导学

在本项目中,我们将一起探讨选品与采购,深入剖析二者如何构建并强化跨境电商的竞争优势。第一,我们要认识到跨境电商选品的重要性。在全球化的大背景下,选品不仅仅是挑选产品那么简单,它还涉及市场趋势分析、消费者需求分析和品牌定位等多个方面。我们将学习如何通过分析市场趋势、消费者需求和竞争对手策略等,精准地选择具有潜力的商品,从而满足消费者的需求并赢得市场份额。第二,跨境电商采购也是一门艺术。在采购过程中,我们需要与全球各地的供应商建立联系、进行谈判、签订合同并确保物流的顺畅。我们将学习如何评估供应商的信誉、产品质量和交货能力,以及如何制定采购策略以降低成本、提高效率和保障供应链的稳定性。

任务一　掌握跨境电商选品技巧

◆ 素养目标
1. 提升市场洞察力，学会收集并分析市场数据，洞察潜在的商机。
2. 树立诚实守信、爱岗敬业的工作理念。
◆ 知识目标
1. 了解跨境电商选品的概念。
2. 熟悉跨境电商选品的维度。
◆ 技能目标
1. 能够运用跨境电商选品方法进行选品。
2. 能够掌握跨境选品数据分析工具使用方法。
3. 在选品工作中提升信息收集和筛选能力。

二维码 2-1
跨境电商选品微课

一、跨境电商选品概念

简单地说，选品指选择要卖的商品。在跨境电商行业中有这样一句话："七分靠选品，三分在运营"。选品对于跨境电商卖家的重要性不言而喻。卖家应该挑选市场上销量高但竞争激烈的产品，还是选销售得不好但竞争对手少的产品呢？成功的选品旨在实现供应商、客户、选品人员三方共赢。一方面，选品人员要把握目标市场需求；另一方面，选品人员还要从众多供应市场中选出质量、价格、外观最符合目标市场需求的商品。

二、跨境电商选品的三个维度

（一）市场维度

跨境电商卖家销售产品的基本目标是要满足跨境消费者的需求，所以选品要遵循符合市场需求的原则。跨境电商卖家应当销售消费者容易接受且购买频率高的产品。跨境电商卖家在早期大多都选择先上架试卖、再批量采购的策略，在不断试卖中发现适合自己并能带来销量的产品。但随着跨境电商平台入驻门槛和监管机制不断升级，这种方式已很难形成规模，需要跨境电商卖家在选品前进行市场需求调研。市场需求调研包括调查国际消费者的购买行为、消费心理和境外市场的本土文化特色，然后分析平台数据，细分产品类目，综合评价产品热度、好评度、转化率等一系列绩效指标。在选品时，跨境电商卖家应充分考虑境外市场的差异，地域文化、消费者习惯、推广平台的不同都会影响产品的销售。同时使用平台数据检验自己选品的效果，通过不断地调整优化，逐步打造自己的品牌。市场需求量大的产品才能带来可观的销量，没有市场需求的产品，就无法带来订单，因此选品要从市场需求的维度出发。也就是说要考虑目标客户群的消费需求点，结合产品的市场容量来做选品决策。

（二）产品维度

从产品的角度看，所选的产品需要在外观、质量、价格等方面符合目标消费者的需求。由于需求和供应都处于不断变化之中，选品也是一个持续更新的过程。

1. 爆款

爆款是指销售火爆的产品。高流量、高曝光量、高订单量是爆款的特点。爆款的销量数据、好评晒图是店铺常见的营销手段，可为店铺的其他产品带来关联流量，但此类商品通常并不是利润来源。一般而言，爆款的价格不会很高，高性价比有利于吸引更多的流量，建议每个品类设置1~2种爆款。卖家在前期打造爆款时应尽量把利润空间压低，做好不盈利甚至亏损的准备。在店铺促销、平台活动中，爆款的折扣一般在50%以上。

2. 引流款

引流款是指给平台、店铺带来流量的产品。引流款的价格不宜过高，预期利润为0%~1%，同样不是店铺利润的主要来源，建议每个品类设置5种引流款。引流款的折扣定在30%~50%，在报名平台活动时更容易成功。引流款与爆款相配合，会取得较好的效果。

3. 利润款

利润款是主要盈利产品，一家店铺销售的产品中除爆款、引流款外，其他产品都是利润款。这类产品的流量虽不及爆款和引流款，但利润高，是店铺实现预期盈利的关键。当然，这类产品定价时也要留有5%～20%的折扣空间，便于电商平台在举办促销活动或店铺进行打折让利时，抓住流量高峰，增加销量。

（三）货源维度

从事跨境电商的企业，很多是没有工厂的中小型企业或者个体私营企业，这些企业通常会选择在1688（阿里巴巴采购批发网）上采购货物，但这种情况并不能满足消费者个性化的定制需求，在物流时效方面也不占优势。所以在选品过程中，要尽可能重视货源的选择，找到价格合理、品质有保证、供货稳定的供应商。

三、跨境电商选品方法

以上的跨境电商选品维度仅仅是从宏观的角度为跨境电商卖家提供了指导和建议，具体操作时，还需要卖家依据不同的选品方法，结合相关数据分析工具及销售经验选出适合店铺销售的商品。选品的方法有很多，但不一定每一种都适合自己，也不一定每一种都好用。跨境电商卖家选品时可以先进行尝试，逐步摸索出适合自己的选品方法和技巧。

（一）站内选品

站内选品指依据跨境电商平台站内的数据进行选品。各大跨境电商平台都为选品提供了丰富的数据支持。例如：利用亚马逊平台自身的销售排行榜、新品排行榜、飙升榜、心愿榜、礼品榜、Amazon's Choice、Essential、Review等产品数据，以及速卖通平台后台的"生意参谋"数据分析工具，查询行业类目数据，了解市场容量、竞争指数、热销产品属性。站内选品这一方法的优点是卖家容易发现爆款、引流款、平台活动款等对目标客户具有较强吸引力的产品品类，使店铺在初期运营时能有效获取流量。不足之处是加剧了平台中的产品同质化现象，使小卖家店铺的成长空间被大卖家挤压，影响了店铺的整体效益，弱化了店铺的定位效应。

（二）站外选品

1. 海外市场分析

对海外市场进行分析，需要跨境电商卖家了解各个国家的消费者偏好、文化习俗、喜好，并实时关注当地的节日、经济、政治、时事和新闻，从中挖掘、分析热销产品。

2. 热门社交网站

跨境电商保持生命力的关键在于抓住终端客户，而在当今时代，关于终端客户的海量信息聚集地就是各大社交媒体平台，通过关注国外的社交媒体平台（YouTube、Twitter、TikTok、Facebook 等），关注社交媒体平台的热词，跨境电商卖家可以了解消费者的习惯和爱好，寻找客户感兴趣的产品。

（三）货源渠道选品

1. 工厂

在选品时，还可以充分利用产业聚集地的分布优势，掌握产品的第一手资源，进行有针对性的探索。例如去深圳挑选 3C 电子产品（通常指 Consumer Electronics、Computers、Communications，即消费电子产品、计算机、通信），去山东采购渔具，去义乌采购小商品等。选择在这些产业带集中地采购，不仅能够享受原材料供应链齐全、选择多样的便利，也便于对同类商品进行对比。

2. 批发市场

直接从批发市场寻找现货也是一个高效且实用的策略，可以借鉴供应商或批发商的专业推荐和丰富经验。

3. 展会

通过参加各类展会，跨境电商卖家可以获得行业最新动态，了解市场发展趋势，同时，也能发现一些在网络上找不到但非常有价值的产品。

4. B2B 平台

跨境电商卖家可以在 B2B 平台（1688 等）轻松找到近期成交量较高的产品，挑选其中的热卖产品款式，或新上架、新设计研发的款式，还可以向批发商咨询产品的卖点和主要针对的市场国家。

（四）工具辅助选品

1. Google 趋势

Google 趋势是一个免费且实用的选品工具，是 Google 公司推出的一款基于搜索日志分析的应用产品，它通过分析 Google 全球数以十亿计的搜索结果，帮助跨境电商理解不同的关键词、主体、产品在不同时段内的搜索的频率和相关统计数据，对企业外部的行业信息和内部的经营信息进行分析，并挖掘出有价值的信息，为跨境电商选品提供参考。跨境电商卖家可以根据 Google 趋势工具分析品类的周期性特点，通过关键词抓取（Keyword Spy）工具发现品类搜索热度和品类关键词，利用 Google 分析（Google Analytics）工具获得已上架产品的销售信息，从而了解哪些产品销量更高，整体动销率如何等。通过 Google 趋势工具不仅可以了解行业的整体数据和变动趋势、行业内各品牌的销售情况、品类的销售和分布、单品的销售数据和价格，还可以看到行业内至少三家核心店铺和主要竞争对手的销售数据（流量、转化率、跳出率、客单价等）。

2. Jungle Scout

通过安装 Jungle Scout 插件，可以在亚马逊平台搜索页、产品页以及卖家店铺页面等即时抓取产品的相关数据，也可以看到每款产品的价格、预测月销量、评论数量、尺寸大小、FBA 费用和机会分析等信息。

任务描述

◆ 任务情境

小李到某网络科技有限公司实习，负责速卖通平台开店和运营。店铺在速卖通平台成功注册后，他迫不及待地想要上传产品。然而，公司经理建议小李在上传产品之前，先进行充分的选品调研，通过合适的跨境选品提高销售效果。

◆ 任务要求

在进行跨境选品之前，卖家需要确定目标市场（包括目标国家或地区、目标客群），进行站内分析、站外分析、货源分析、定价分析，确认选品，确保选择的产品符合公司定位、顾客需求。通过完成以上任务，跨境电商卖家可以更有把握地进行跨境电商选品，以期在目标市场取得良好的销售业绩。

任务实施

[步骤1] 确定目标市场

随着全球互联网的不断发展，世界各地越来越多的消费者都通过网络购买物品，他们在网络上通过特定的渠道来寻找自己需要的产品与服务。几乎每个国家都有本土影响力比较大的电商平台（见图2-1），像美国的亚马逊、ebay、Wish、Walmart等，东南亚的Shopee、Qoo10等，中国的拼多多、美团、京东，以及阿里巴巴集团控股有限公司旗下的电商平台如速卖通、淘宝、天猫等。

图2-1　常见的跨境电子商务站点

每个平台都有特定的消费人群，而不同目标市场的人们需求不同，具有独特的消费习惯与独特的文化，跨境电商卖家需要在众多市场和渠道中找到最优组合。具体可以从以下几个维度进行思考。

（1）了解各平台的卖家准入条件以及相关规则。

（2）分析平台所针对的买家群体。

（3）掌握平台的商品销售信息和其他买家的情况，熟悉网上服务平台的操作流程。

（4）了解平台所采用的支付方式。

（5）清楚平台的物流方式以及是否设立海外仓等情况，探索各大平台提供的其他服务。

[步骤2] 站内分析

通过对目标站点进行站内分析，可以得到平台目标产品的市场容量、市场竞争状况和竞争对手的产品等方面的信息。

1. 市场容量

通过搜索关键词，可以查看产品相关数据，然后把通过几个主要的关键词搜索到的排名靠前的产品销量按月累加，可以得到大致的市场容量。产品的销量数据可以通过市面上的一些分析工具获取，也可以通过手动统计的方式，即查看具体产品的评价和下单数（一般平台产品评论都是开放的），估算该产品页面按月列出的评论数量，从而得到所要的数据。搜索得到的同类产品之间的价格差可以反映市场容量，价格区间大，相应的市场容量就大，反之则相对较小。但该数据也可能跟产品进入市场的时间有关，需要进行多方面考量。另外，还可以通过观察产品库存变化来预测销售量。与市场容量有关的数据受多种因素制约，需要长期的跟踪与分析，并不能通过一两次的数据收集来确认。

2. 市场竞争状况

与市场容量相比，市场竞争状况的站内数据信息会更直观一些。根据不同产品的搜索结果数量对比就能看出其竞争激烈程度。可以通过对关联产品的比较，洞察市场竞争状况，比如可以针对同品类的关联产品进行产品总量的比较，从而直观地看到竞品的竞争激烈程度。同类产品的品牌数量也是该类产品竞争状况的有效参照，在一个相对成熟的市场中，被市场认可的品牌集中度会比较高，而品牌集中度相对较低的市场可能是一个新兴市场，可以特别关注。通过观察同类产品的数量分析市场竞争状况，需要持续跟踪品牌或分析其以往订单情况，从而确定订单与品牌的关系。另外也可以通过该类产品的定价来分析市场竞争状况，如果众多卖家的产品价格都相差不大，那么该类产品的竞争通常已经非常激烈了。

3. 竞争对手的产品

对竞争对手的产品进行分析可以从以下几个方面入手。

（1）预先设定目标。在开始研究竞争对手之前，可以先设定目标，以确定竞争对手。尽管其他的跨境电商卖家可能在销售类似的产品，但是只要能够精准地定位并针对不同的受众群体进行销售，就能有效地减轻竞争压力。设定目标的相关工作包括：对客户的人群进行画像、确定销售目标、确定将产品分到哪个类目中销售。

（2）确定直接竞争对手。设定好目标之后，就可以确定直接竞争对手。竞争对手可能并不直接属于我们所在的类目下，但我们可以尝试从客户的角度来查找那些与我们产品功能、目标用户群或解决的需求相似度高的品牌或产品，这样有助于我们确定直接竞争对手。

（3）分析竞争对手店铺页面的关键词。对竞争对手店铺页面上的关键词进行分析很重要，这可以为搜索引擎优化（Search Engine Optimization，SEO）和产品描述提供帮助，进而使自己的产品出现在 Google 或者目标平台的搜索结果中。

（4）查看竞争对手的互动板块内容以获取信息。在 Q&A（问答）板块直接与客户互动的卖家并不多，主要是客户之间的询问和答复。我们可以从这些回答的描述中分析产品的问题所在，因为这些显然是客户在购买之前需要了解的问题。

（5）了解客户的评价。仔细阅读客户的评价以及他们提出的要点也是一个好主意，因为评价常常能为我们提供新的营销思路。

（6）根据竞争对手的产品详情进行定价。制定正确的价格策略是整个业务的重要组成部分，对于所有的跨境电商平台都同样重要。与对手进行竞争时，在相同产品的品质相差不大的情况下，制定更优惠的价格是赢得新客户并获得更高销售额的有效方法之一。我们可以花时间查看竞争对手对产品的定价，并提供更有竞争力的价格以提高销售。

（7）竞争对手所运用的多种销售策略都值得我们去关注，比如参加平台活动、秒杀活动、发放优惠券、团购、折扣让利等。

（8）注意竞争对手的状态。我们需要了解竞争对手的产品什么时候售罄或缺货，适时为我们所销售的同类产品提供折扣或投放广告，从而将竞争对手的顾客吸引到我们的商店。

[步骤3] 站外分析

1. 跨平台选品

可以综合分析各个跨境电商平台如 eBay、Wish、AliExpress、Shopee 等的数据信息寻找新品及潜在商机。

2. 搜索引擎选品

可以通过 Google 趋势等搜索引擎选品工具进行关键词分析（见图 2-2）。通过 Google 趋势，电商企业可以了解哪些产品和服务受欢迎，同时结合地域因素，优化选品策略，以更好地满足用户需求。通过分析产品的销售趋势和数据，电商企业可以及时发现市场变化，调整选品策略。

例如，如果一个跨境电商卖家正在开展宠物用品促销活动，他可以在

Google 趋势中搜索关键词"宠物用品",了解目前市场趋势和消费者的搜索习惯。通过获取市场信息,电商企业可以选择热门的宠物用品,并在网站上进行促销宣传,以吸引更多的消费者。

图 2-2　Google 趋势的搜索页面

3. 国内 1688 网站选品

跨境电商卖家还可以在 1688 的"跨境专供"(见图 2-3)板块中查找合适的产品。

图 2-3　1688 网站的跨境专供平台

4. 社交平台选品

当前用户量较多的社交平台包括 Facebook、Twitter、YouTube、Pinterest、Instagram 以及众筹网站 Kickstarter 等,在这些平台上我们可以找到一些同行热卖产品,挑选其中卖得好的产品并进行分析整理,根据其销量增长情况,预测销售效果。

[步骤 4] 货源分析

前期意向产品信息的来源通常比较多样化,有从实际工厂看到的,有从其他线上店铺收集的,也有的是从展会上获取的,等等。经过站内和站外平台竞品分析,接下来就要确定目标产品能够实际取得的货源。一般来说,每个实际货源都不一样,这里将阿里巴巴的 1688 作为一个样本,进行数据展示、收集和分析。

1688作为国内跨境电商最大的一站式货源服务平台，可以为卖家提供几乎所有跟跨境相关的产品，比如卖家可以在上面找到各个平台的新品、爆品等，其货源优势得天独厚。近50万家中小企业通过1688跨境专供平台为亚马逊平台、Wish、eBay、全球速卖通等提供服务，其业务范围覆盖了全球220个国家和地区。另外，1688所涵盖产品热门类目也非常多，很多中小卖家利用1688的货源优势打造出不少爆品。在1688上查找货源需要注意以下几点。

1. 货源的选择

一些跨境电商中规模较小的卖家在寻找货源时会选择网采，比如：卖家在选择供应商的时候可能会只考虑产品价格或者响应率等因素，认为这样比较省事，却忽略了产品的质量、产品的竞争优势和产品的市场前景。建议卖家在1688采购时，要充分考虑产品的竞争优势或者产品是否具有潜力。对于想要打造爆款产品的卖家来说，则需要在1688平台挖掘出一条潜在的产品线，前期积累货源并及时注册品牌，后期优化产品线，严格把控产品质量。

2. 货源的把控

（1）热门产品。很多卖家在选品时会犯的一个共同的错误是喜欢跟着热门产品走，某款产品销量好就跟着卖，完全没有考虑到其中存在的隐患。热门产品是产品侵权的重灾区，很多卖家在没有注册商标或得到品牌授权的情况下就销售侵权产品，因此被平台警告且受到相应的处罚，轻则下架、屏蔽Listing（指商品在网店中的详细页面），重则封号关店。

（2）产品质量。产品的质量是很多跨境电商卖家极易忽略的因素。产品质量不好会导致客户差评以及退货。跨境电商卖家如果没有专业的产品研发和售后服务团队，建议不要选择功能复杂、对迭代能力和售后要求高的产品，可以优先选择一些功能相对简单的产品，这样产品的质量也能够得到保证。另外，很多卖家总是感到很难采购到质量稳定的产品，这个时候，卖家就应该考虑产品的采购价问题。如果你从供应商那里采购到的产品低于正常市场价，产品的质量通常会参差不齐。

（3）产品采购价格。在采购产品时，有部分规模较小的卖家喜欢压低采购价，导致很多供应商不敢与其合作。一方面，卖家和供应商都需要给自己留有合理的利润空间；另一方面，供应商不能确定卖家的运营和销售能力的高低，所以也就无法压低价格给予优惠。

（4）产品交货期。一些卖家选择了交货期不稳定的供应商，会对竞争力产生较大的影响。例如当规模较小的卖家从供货期不稳定的供应商那里采购一些热销产品时，很可能会因为采购量少，被供应商排在出货单上靠后的位置，交货时间会比别人的长，这样就失去了竞争优势。

一款好的产品需要一个好的货源，不管是1688还是其他货源平台，都有着自己的优势，而利用好货源优势，避开产品采购的误区，才是卖家必须注意的问题。要运营好跨境电商不是一件容易的事情，能够从中获取利润的跨境电商卖家不多，好的产品加好的运营，才有可能带来赢利的机会。对全球速卖通平台产品的整体分析思路与亚马逊平台相似，都是从整体到具体，先分析整体市场环境、容量、竞争热度，再分析具体的产品。整体分析也是通过关键词搜索结果展开，数据包括 Best Match 在售产品数量、订单匹配产品数量、最近添加产品数量、4 星或以上产品数量、目标国家海外仓产品数量、品牌数量、产品价格区间、行业活动平台活动等。针对已经开通速卖通的卖家来说，可以使用速卖通平台提供的"生意参谋"行业情报工具进行整体的分析。针对速卖通产品，我们推荐从以下几个方面对搜索结果靠前的产品进行数据收集和分析：产品标题、产品品牌、销售价格、是否海外仓、促销活动、产品主图、产品视频、产品包装数据、产品详情、产品评论、店铺名称、店铺近 6 个月好评率等。

[步骤 5] 定价分析

产品定价并不是一件容易的事，对于跨境电商来说，错误的定价方式可能会让利润和销量同时流失，一些刚从传统代工厂转型的跨境电商企业更是对市场知之甚少，定价也就更加困难。下面推荐几种定价方式，有助于跨境电商卖家同时提高出单量和销售额。

1. 依据成本定价

成本定价主要是根据成本来确定合理的利润率，然后进行定价。这种定价方式的优势在于简单，例如卖家会综合考量每一批货的产品成本、运输成本、平台成本、仓储成本等，基于这些成本总和加上预设的利润空间，来最终确定商品的售价。

成本定价方法的劣势也十分明显，当产品面对所有用户和市场都采取统一定价策略，就会产生一些问题。第一，无法保证销量。由于跨境电商的销售模式无法让买家看到实物，如果定价与市场水平相差太大，就会让顾客产生怀疑，比如定价低很可能让买家无法相信你的产品质量，价格优势会直接变成竞争劣势。第二，如果竞争对手降价，但我们不能及时反应，并做出相应调整，仍保持原价，就会影响销量。

在每年的活动节点，各电商平台都会开展促销活动，而促销活动的主要内容就是降价。过去几年中，一些卖家在促销活动前会采取一种策略，即先将商品价格上调至较高水平，然后在活动日再实施折扣措施，以营造出较大的优惠幅度。然而，随着电商平台的不断发展和监管力度的加强，如今各大平台都普遍采用了价格追踪系统，这些系统能够自动监测商品价格的变动情况。所以我们在进行产品定价时要将促销活动的降价幅度考虑进去，要确定产品的价格区间是多少，以便进行后续的实际产品运营规划。

2. 参考对手定价

对标同类型产品中较有竞争力的对手，参考其定价，可以与对方抢占市场份额，以提升自己的竞争力。但是由于双方的成本信息不对等，无法确定对方的成本，如果对方降价自己也盲目地跟着降价，就很有可能出现对方还能保证利润的情况下自己却无法赢利的情况，时间长了就会造成严重的经济损失，所以这种定价方法不宜长久采用。

3. 根据地区消费力定价

市场定价方式需要跨境电商卖家在投放新产品时，根据当地消费者的消费能力和市场价格进行价格调整，其优势在于可以在区域市场获得更大的利润空间，同时又保证价格的灵活性和产品的竞争力。劣势在于对于跨境电商卖家来说，获得每个国家和地区的市场具体情况并不容易，需要借助一些数据工具或者花费成本和时间去实地考察。不过，当前部分国家的电商模式已经十分成熟，信息比较公开透明，在一些新兴国家和地区，例如东南亚、非洲、中东等，可以直接使用 TOSPINO（一个面向全球用户的跨境电子商务服务平台）免费提供的市场调研数据，降低前期运营成本。

4. 根据市场情况定价

跨境电商卖家在对市场价格拿捏不定的情况下，可以去该市场对应的电商平台上搜索产品相关的关键词，整理分析已购买相关产品的用户的数据，计算出不同价位下的用户群比例，然后根据这些用户群比例数据来制定价格区间。

定价对于跨境电商卖家来说是十分重要的事情，有些人容易对海外的市场产生误解，认为海外市场上的商品售卖价格都很高，应该将价格定得高一些以赚取更多的利润，因此从不考虑性价比等问题。但是市场中消费者大多数都是理智的，如果想要在目标市场获得长久的发展、把一个品牌做大做强，必须在不脱离实际的基础上获得最大的利润。

[步骤6] 确认产品

对意向产品进行站内分析、站外分析、货源分析和价格分析后，就可以对意向产品库做一个筛选，选择符合目标区域消费习惯、能够满足平台要求、有竞争力、有盈利空间的产品进行重点运营。当然这个过程也不是一蹴而就的，需要多次确认，因为我们分析过程中的数据收集可能是片面的，考虑的因素是不完整的，需要在实践中去再次验证。

当然在最终确认产品时，与运营团队合作是至关重要的。跨境电商平台店铺的产品作用各不相同。一部分产品是负责引流的，一部分产品是用来赢利的，还有一部分产品是用以维持并提高店铺经营数据的，并不能根据某个参数指标简单地做出判断，而且产品在运营过程中会不断地发生变化，需要跨境卖家进行综合考虑。

任务评价

任务完成度评价表如表 2-1 所示。

表 2-1 任务完成度评价表

层级	评价内容	满分	得分	自我评价
1	能确定目标市场	10		
2	能进行站内分析	20		
3	能进行站外分析	20		
4	能进行货源分析	20		
5	能进行定价分析	20		
6	能确认产品	10		

拓展案例

古今丝绸之路的商品流通

历史上的丝绸之路是古代东西方商贸往来的生命线。这条贸易路线虽然被命名为"丝绸之路",但其贸易商品并不仅限于丝绸,还包括盐、香料、茶叶和药品等有高附加值的商品。除了这些商品外,丝绸之路上的商人还将他们的宗教、科学、艺术、建筑技术等文化和技术进行传播,中西方文化在这一贸易的过程中也得到融汇交流。

二维码 2-2 "一带一路"古与今｜器物织就的交流日常

这个古老的贸易网络横跨整个欧亚大陆,目前普遍认为,丝绸之路的起始时间为公元前 138 年,古代的商人们沿着这条贸易路线将丝绸、茶叶等商品从东方运输到西方,然后从西方运回珠宝、贵金属等便携高价物。这条贸易路线总长超过 1 万公里,横跨整个欧亚大陆,穿越山脉、沙漠、草原和海洋。在这些路线中有一条是穿越中国西部到达中亚和西亚,直抵地中海沿岸,一些船只从那里启航前往罗马。

丝绸之路将广袤的欧亚大陆连为一体,使互通有无变得更加便捷,商品、文化与思想交流的范围变得更加广泛。这条贸易之路历经千年,不变的是人们对和平与合作、开放与包容的不懈追求,对互学互鉴、互利共赢的持续渴望。

2013 年 9 月,习近平主席在哈萨克斯坦访问期间发出共建"丝绸之路经济带"的倡议,同年 10 月,在访问"东盟"时提出建设"21 世纪海上丝绸之路"的构想。至此,"一带一路"作为中国倡导、全球参与的开放型国际合作机制被正式提出。

在过去十多年,中国与"一带一路"共建国家的合作、往来秉持着"和平合作、开放包容、互学互鉴、互利共赢"的丝路精神,坚持与各国共商、共建、共享的原则,奋力打造"你中有我、我中有你"的命运共同体。如今的"一带一路",中欧班列风驰电掣,航线四通八达,来自世界各地的商品经此流通。

任务二　了解跨境电商采购流程

任务目标

◆ **素养目标**
1. 培养独立决策和执行的能力。
2. 具备自我评价的能力。

◆ **知识目标**
1. 掌握跨境电商采购的概念。
2. 了解跨境电商采购的流程。

◆ **技能目标**
1. 学会运用跨境电商采购方法。
2. 能够掌握 EOQ 计算方法。

知识储备

一、跨境电商采购概念

采购是企业经营活动中的一项非常重要的工作。采购是指通过交换获得物料和服务的购买行为。企业购进原材料或服务,然后再把它们转化成新的产品或服务提供给消费者。跨境电子商务采购是全球物流供应链中的关键环节。对采购进行恰当的把控,能够提高供应链对市场需求的响应速度,对整个供应链及其各个环节都有着重要意义。

二、跨境供应链采购方法

（一）品牌授权代理

品牌授权代理是指跨境电商企业从拥有品牌注册商标的企业处获得授权，成为其代理商，然后按合同规定运作线上市场的一种采购模式。获取品牌授权代理是在跨境电商产业链中避免销售假货的一个有效途径。例如，美妆产品的渠道和货源问题一直是行业的隐忧，在没有品牌授权的情况下，即使采取直采直邮，仍经常出现以次充好现象。获得品牌商或大型国际零售商授权的跨境电子商务企业，可以通过直采直邮减少商品中间流通环节，从而获得较低的采购价格，定价优势大，还具备品牌背书，既保证了货源的质量，又保证了货源的稳定性。尤其对于非标品类，若分散购买，则难以争取跨境电商供应链的上游话语权，正品保证机制也难以确立。规模较大的跨境电子商务企业往往更容易与境外品牌商直接对接，更容易拿到"一手货源"。然而，在跨境供应链中，原来存在的巨大信息差正逐渐缩小，信息逐渐透明，跨境电子商务企业和境外货源供应商直接对话的机会逐渐增多。

（二）经销商采购

经销商采购是指跨境电商企业从境外品牌经销/代理商处获取优质货源的采购模式。一些跨境电商企业直接获得品牌方的授权难度较大，因此从境外品牌经销/代理商处取得合作机会是切实可行的途径。境外品牌经销/代理商在保证境内货物供给充足的情况下，会将货物分给跨境电子商务企业。通常情况下，经销商渠道的采购价格比厂商直供的价格高，有时还会有厂商不承认货物正品资质的情况。这种采购模式难以保证货源的供应和价格的稳定，增加了采购垫资的风险。为了甄别货源品质，很多跨境电子商务企业采用"聚焦战略"，专注于几个国家或地区，锁定可靠的采购渠道。有的跨境电子商务企业则依靠品牌方的境内总代分销体系进行采购。

（三）散买集货

散买集货是指跨境电商企业在没有能力和国际品牌商直接合作、拿不到代理权限和没有上级渠道，只能从"最末端包抄"的情况下，从境外小批发商或零售商处买货的采购模式。这种采购模式增加了成本，拉长了周期。在缺口较大或有临时性采购需求时，跨境电商企业才会采用这种采购模式。散买集货的货源组织在当地有一定的渠道、仓库及资金等资源，不限于厂家拿货、渠道批发等方式。对于箱包服饰等轻奢类商品，跨境电商企业可组建境外精英买手团队，积累采购经验，掌握境外市场运作模式，与经销商建立合作关系，以促销价及时锁定爆款。

（四）OEM 模式采购

OEM 又称 OEM 代工生产模式，是一种委托他人生产的经营方式。在传统的 OEM 模式中，品牌生产者不直接生产商品，而是利用自己掌握的核心技术设计和研发商品、控制销售渠道，具体的加工任务通过合同订购的方式委托同类商品的其他厂商生产，之后将所订商品低价买断，并直接贴上自己的品牌商标。承接加工任务的制造商被称为 OEM。目前，很多 OEM 转型升级成为跨境电子商务企业，自主设计商品，创建自主品牌，在价格上拥有更多的主动权。

OEM 模式下的采购特点如下。

1. 小批量、多批次

由于市场多变，商品更新快，品种繁杂，因此 OEM 模式下的采购订单大多表现为小批量、多批次。

2. 货期短

OEM 模式下客户需求多是基于短期计划，所以交货期通常较短。

3. 商品质量要求差异大

即使是对同一种商品，每个客户的要求都是不同的，因此不方便进行规模化采购。

4. 不方便设置库存

由于商品时有更新、客户也可能有更替，不通用的物料不方便设置库存，否则会形成呆料，给仓储部门带来压力。

（五）分销平台采购

分销平台采购是中小型跨境电子商务企业经常采用的采购模式。在分销平台，中小型跨境电子商务企业可以获得零库存、零成本的供应链支持，将跨境贸易的风险降到最低。由于在境外采购、入驻保税仓的门槛较高，规模较小的电子商务企业受自身渠道、资源等的限制，无法开展跨境电子商务业务。分销平台采购模式在跨境电子商务的环境下，打破了时间、地域的限制，依托互联网建立销售渠道，不仅满足中小型跨境电商企业的赢利需求，还能扩大分销渠道、丰富商品形态，便于中小型跨境电商企业对接境外市场。

分销平台采购模式主要有以下三种形式。

1. 商家旗下的分销平台采购

例如，环球易购分销平台将自身的货源开放给商家，商家可以在该平台上进行分销采购。

2. 物流商旗下的分销平台采购

例如，4PX（递四方）旗下的借卖网、出口易 M2C（Manufacturer to Customer，制造商对客户）供销平台等发挥跨境电商物流仓储的优势，与商家共享库存资源，商家可以在该平台上选择商品进行采购。

3. 软件服务商旗下的分销平台采购

例如，赛兔云仓可以实现一键上传商品，简化了中小商家上架商品的步骤。

◆ 任务情境

小李是某网络科技有限公司的实习生，负责协助经理执行跨境电商的采购任务。公司计划扩大跨境业务，因此需要在全球市场上建立新的产品采购线。小李的任务是确保采购的产品符合公司定位，满足市场需求。

◆ 任务要求

小李的工作职责包括拟定采购计划、开发供应商、谈判与签订采购合同、EOQ 订货以及评估采购绩效。通过完成这些任务，小李将有机会全面了解跨境电商采购的流程，积累实习经验。

[步骤 1] 制订采购计划

跨境电子商务采购计划是相关人员在了解市场供求情况、认识企业生产经营活动和掌握物料消耗规律的基础上，对计划期内物料采购管理活动所做的具有预见性的安排和部署。

[步骤 2] 开发供应商

开发供应商的主要目的是寻找合适的潜在供应商，并保证货物稳定、持续的供应。供应商开发首先要对供应细分市场进行调研和选择。根据地理区域、规模、技术和销售渠道等，供应市场可以划分为若干细分市场，不同供应细分市场的风险和机会不同，企业一般会选择其中一个细分市场进行采购。供应商开发的步骤如图 2-4 所示。

图 2-4 供应商开发的步骤

[步骤 3] 谈判与签订采购合同

买方与卖方需要就购销业务有关事项进行反复磋商、达成协议,以建立双方都满意的购销关系。

采购合同是供需双方或多方为执行供销任务、明确各方权利和义务而签订的具有法律效力的书面协议,其主要特征如图 2-5 所示。

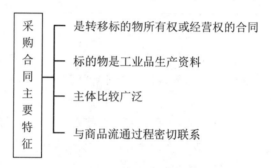

图 2-5 采购合同的主要特征

采购合同的内容包括以下三部分。

1)开头

包括:合同的名称;合同编号;采供双方的企业名称(要求在合同中写明双方企业的名称和地址,如果是自然人就应写明其姓名和住所);签订地点;签订时间。

2)正文

包括:货物名称与规格;货物数量条款;货物质量条款;价格条款;运输方式;支付条款;交货地点;检验条款;保险;违约责任;仲裁;不可抗力。

3)结尾

合同份数及生效日期;签订人的签名;采供双方的公司公章。

[步骤 4] EOQ 订货

EOQ,是通过平衡采购进货成本和保管仓储成本核算,确定总库存成本最低的最佳订货量的固定订货批量模式的一种。EOQ 可以用来确定企业一次订货(外购或自制)的数量。当企业按照 EOQ 来订货时,可实现订货成本和储存成本之和最小化,如图 2-6 所示。

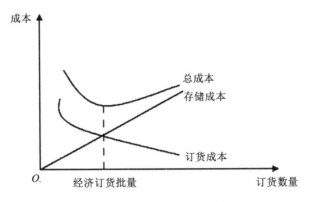

图 2-6 经济订货批量法示意图

订货成本又称订货费用，包括订单处理费用（包括办公费用和文书费用）、运输费、保险费以及装卸费等。存储成本又称储存费用，是指物品储存过程中发生的成本，包括库存占用资金的应计利息以及使用仓库、保管货物、货物损坏变质等相关支出的各项费用。无论订单大小，都可采用 EOQ。在这种订货模式下，订货成本随订货数量的增加而下降，而存储成本随订货数量的增加而增加（因为作为存货进行保管的商品越多，其平均保管时间也更长）。订货成本和存储成本加起来即可得到总成本。

采购人员应掌握 EOQ 的计算公式，以得到更加合理的经济订货批量。一般来说，EOQ 的计算公式为：

$$\text{EOQ} = \sqrt{\frac{2 \times 一定时期的需求量 \times 单次订货成本}{库存管理费率 \times 商品的成本}}$$

用数学公式表示为：

$$\text{EOQ} = \sqrt{\frac{2DS}{IC}}$$

其中，D 为一定时期的需求量，以数量计；S 为单次订货成本，以金额计；I 为库存管理费率，即一定时期存货成本占单位成本的百分比；C 为商品的成本，以金额计。

[步骤 5] 评估采购绩效

缺乏控制机制，管理工作的有效性就无从谈起。采购管理同样需要进行采购绩效的考核和控制。企业通过采购绩效考核对采购工作进行评价，并通过采购绩效控制，发现并解决采购工作中存在的问题。

任务评价

任务完成度评价表如表 2-2 所示。

表 2-2　任务完成度评价表

层级	评价内容	满分	得分	自我评价
1	能够编制采购计划	20		
2	能够进行供应商开发	20		
3	学会采购谈判与合同签订	20		
4	掌握 EOS 订货方法	20		
5	懂得如何评估采购绩效	20		

项目综合测评

一、单项选择题

1. Wish 电商平台的某店铺每月销售水晶发夹 2000 个。每个发夹的采购价格为 1 元，月平均保管费用为 0.1 元。单次订货成本为 100 元，那么该水晶发夹的经济订货批量是（　　）。

二维码 2-3　项目二综合测评答案

A. 3000　　　　　　　　　　B. 4000
C. 2000　　　　　　　　　　D. 1000

2. 下面哪个不是 OEM 模式下的采购特点？（　　）
A. 小批量、多批次　　　　　B. 货期长
C. 商品质量要求差异大　　　D. 不方便设置库存

3. （　　）是从"最末端包抄"的采购模式。
A. 经销商采购　　　　　　　B. 品牌授权代理
C. 散买集货　　　　　　　　D. 分销平台采购

二、多项选择题

1. 跨境电商选品维度包括（　　）
A. 市场维度　　　　　　　　B. 产品维度
C. 货源维度　　　　　　　　D. 品牌维度

2. 对选品思路描述正确的有哪些？（　　）
A. 选品要注意不违反平台规则以及与产品相关的法律法规
B. 有稳定的产品供应链
C. 选品要考虑卖家的兴趣和市场的容量
D. 优选容易运输、售后服务步骤简单的产品，并保证有一定的利润

三、判断题

1. 只要跨境电商商品质量够好，定价越高越好。　　　　　　　　　（　　）

2. 只要商品有特色,跨境电商选品可以不考虑平台特色。（　　）
3. 站外选品指基于跨境电商平台站内数据进行选品。（　　）

四、实务操作题

以速卖通平台的某一个境外市场为研究对象,选择某一类目产品进行市场调研,撰写境外市场调研报告。

1. 登录速卖通平台,浏览产品类目,选择特定类目产品。
2. 根据本项目所学内容,利用各种选品工具,采取多种策略,对该类目产品的目标市场情况进行调研,撰写海外市场调研报告。

项目三 **跨境电商进口物流**

Project Three

任务一 掌握海关监管与关税计算方法

任务二 了解保税进口物流

任务三 了解直邮进口物流

项目导航

本项目将带你深入了解跨境电商进口物流行业。在任务一中,我们将认识海关监管,包括海关监管定义、海关监管货物、海关监管制度,并掌握进口商品税费计算方法。同时,我们将了解海关监管对企业运营的重要影响。它不仅是推行国家贸易政策、保障国家安全的重要手段,也是实现企业合规经营、推动国际贸易繁荣发展的关键因素。

在任务二中,我们将进一步认识保税进口物流,了解保税制度和保税进口的概念,并探讨保税进口业务流程。跨境电商企业需充分了解并遵守相关法规和政策,以确保业务的顺利进行。在任务三中,我们将认识直邮进口物流,了解直邮进口的概念和特点,并探讨直邮进口业务流程,它主要涉及订单生成、海外发货、海关清关、国内快递配送等多个环节。这些环节相互衔接、密切配合,共同构成了直邮进口物流业务的完整流程。

项目导学

跨境电商是国际贸易的重要形式，而电商进口物流作为支撑跨境电商的关键环节，其重要性不言而喻。首先，海关监管对于保障进口商品的合法性具有重要意义，海关监管通过对进口商品的严格查验和审核，确保商品符合相关法律法规的要求，从而避免了非法商品流入市场，保护了消费者的合法权益。其次，跨境电商在进口商品时，往往需要缴纳包括关税在内的各种税费，而保税进口允许商品在进入国内时暂时免税，等到商品完成实际销售后再缴纳税款。这种延迟缴税的方式大大减轻了跨境电商的资金压力，降低了企业运营成本，提高了企业的竞争力。再次，直邮进口在跨境电商进口物流中发挥着重要的作用。它降低了企业运营成本，提高了效率，满足了消费者的个性化需求，促进了国际贸易和文化交流。随着技术的不断进步和市场的不断发展，直邮进口模式将在跨境电商领域发挥更加重要的作用。

任务一　掌握海关监管与关税计算方法

任务目标

◆ **素养目标**
1. 提高团队协作能力与创新能力。
2. 树立法律意识与规则意识。
3. 具备独立分析与解决具体问题的综合能力。

◆ **知识目标**
1. 了解与海关相关的法律法规。
2. 熟悉海关管理制度。
3. 掌握进出口货物关税相关规定与计算方法。

◆ **技能目标**
1. 掌握海关监管制度。
2. 能针对进出口商品选择海关监管模式。
3. 能对进出口商品的关税进行正确的核算。

二维码 3-1
海关监管认知微课

拓展知识

二维码 3-2
中国外贸的新动能与新机制

知识储备

一、海关监管

（一）海关监管的定义

世界海关组织对海关监管的定义是"为确保海关负责执行的法律、法规的实施而采取的措施"。在我国，海关监管是指海关运用国家赋予的权力，依据《海关法》《国境卫生检疫法》《进出境动植物检疫法》《食品安全法》《进出口商品检验法》和其他有关法律法规的规定，对进出境运输工具、货物、物品的进出境活动所实施的一种行政管理。海关监管将国家经济贸易等行政主管部门的行政审批、许可、鉴定，进出关境当事人的申报或申请，实际进出关境的活动三者联系起来，进行审核、查验，确定运输工具、货物、物品的进出境活动是否合法或合理，以保障有关当事人的合法权益，维护正常的进出口秩序。

（二）海关监管货物

海关监管货物是指应当接受海关监管的进出境货物，包括自进境起到办结海关手续止的进口货物，自向海关申报起到出境止的出口货物，自进境起到出境止的过境、转运、通运货物。海关监管货物，未经海关许可，不得开拆、提取、交付、发运、调换、改装、抵押、质押、留置、转让、更换标记、移作他用或者进行其他处置。海关加施的封志，未经批准，任何人不得擅自开启或者损毁。

按货物进出境的目的划分，海关监管货物主要分为以下几类。

1. 一般进出口货物

一般进口货物是指依照我国法律，由其他国家或地区输入我国的货物；监管时限为自进境起到办结海关手续止。一般出口货物是指从我国向其他国家或地区输出的货物；监管时限为自向海关申报起到出境止。

2. 保税货物

保税货物是指经海关批准未办理纳税手续进境，在境内储存、加工、装配后复运出境的货物。监管时限为自进境起，到原货物退运或加工成品复运出境并由海关核销结案，或向海关补办正式进口的补证、纳税手续止。

3. 暂准进出境货物

暂准进境指进口货物收货人为了特定的目的，经海关批准暂时进境，并在规定的期限内保证按原状复运出境的货物。暂准出境货物须在规定期限内复运进境，或向海关补办正式出口的补证、纳税手续。

4. 特定减免税货物

特定减免税货物是指海关根据国家的政策规定准予减税、免税进口，使用于特定地区、特定企业和特定用途的货物。监管时限为到海关监管年限期满止，或向海关办理补证、补税手续止。

5. 其他进出境货物

其他进出境货物指由境外启运，通过中国境内继续运往境外的货物，以及其他尚未办结海关手续的进出境货物。

（三）海关监管制度

1. 含义

海关监管制度是以法律形式规定的海关对进出境货物、物品、运输工具进行管理的基本原则、工作程序和调整海关与进出境活动当事人在海关监管中权利义务关系的制度总和。海关监管制度包括进出境货物监管制度、进出境运输工具监管制度、进出境旅客行李物品监管制度、进出境邮递物品监管制度等。

2. 法规依据

1）法律

海关监管相关法律主要包括《海关法》《国境卫生检疫法》《进出境动植物检疫法》《食品安全法》《进出口商品检验法》《对外贸易法》《药品管理法》《文物保护法》等涉及进出境货物、物品、运输工具监管的规定。

2）行政法规

海关监管行政法规主要包括《进出境动植物检疫法实施条例》《进出口商品检验法实施条例》《食品安全法实施条例》《国境卫生检疫法实施细则》《野生植物保护条例》《核出口管制条例》等涉及进出境货物、物品、运输工具监管的规定。

3）部门规章

海关监管相关部门规章主要包括由海关总署制定、颁布或海关总署与其他国家机关联合制定、颁布的部门规章，如《海关进出口货物征税管理办法》《机电产品进口自动许可实施办法》。

4）国际条约

海关监管相关国际条约主要包括我国政府缔结或参加的有关海关事务的国际条约、协定，如我国政府加入世界贸易组织时签订的有关公约中涉及海关事务的条约、协定等，国务院授权海关总署签署、在布鲁塞尔通过的《关于简化和协调海关制度的国际公约修正案议定书》等。

下面主要介绍海关进出境货物监管制度。

3. 进出境货物监管制度

1）一般进出口监管制度

在一般进出口监管制度下，货物在进出境环节完纳进出口税费，涉及国家贸易管制的，在进出境环节提交相关许可证件，并办结海关手续。

2）保税进出口监管制度

在保税进出口监管制度下，企业所进口的货物经海关批准，货物进境后按规定储存、加工、装配，并暂不缴纳进口关税和其他进口环节税，加工贸易制成品应当在规定的期限内复出口。其中使用的进口料件，属于国家规定准予保税的，应当向海关办理核销手续；属于先征收税款的，依法向海关办理退税手续。

保税进出口监管制度，主要包括保税加工（加工贸易）、保税物流进出口监管制度。

（1）保税加工（加工贸易），是指经营单位进口原辅材料、材料、辅料、零部件、配套件、元器件和包装物料（统称为料件），经过加工或者装配为成品后复出口的一种贸易方式，属于产业链过程。

（2）保税物流，指经海关批准，将未办理进口纳税手续或者已办结出口手续的货物在境内流转的服务性经营行为，属于物流链过程。保税物流货物主要以在境内储存与流转为目的，包括在海关保税监管场所和海关特殊监管区域储存或简单增值加工后流转的保税货物。

3）减免税货物监管制度

减免税货物监管制度是海关对进口减免税货物实施的一系列监管措施，确保这些货物按照规定的用途和条件使用，并防止偷逃税款和违规行为，主要内容包括如下几个方面。

（1）监管年限。

减免税货物的监管年限根据货物类型有所不同。具体而言，船舶、飞机的监管年限为 8 年，机动车辆的监管年限为 6 年，其他货物的监管年限为 3 年。监管年限自货物进口放行之日起计算。

（2）使用与保管。

在海关监管年限内，减免税申请人应当按照海关规定保管、使用进口减免税货物，并依法接受海关监管。减免税货物应当在主管海关审核同意的地点使用。如需变更使用地点，减免税申请人应当向主管海关提出申请，并说明理由，经主管海关审核同意后方可变更。

（3）报告与审核。

减免税申请人应当于每年 6 月 30 日（含当日）以前向主管海关提交《减免税货物使用状况报告书》，报告减免税货物使用状况。超过规定期限未提交的，海关按照有关规定将其列入信用信息异常名录。

在海关监管年限内，减免税申请人发生分立、合并、股东变更、改制等主体变更情形的，权利义务承受人应当自变更登记之日起 30 日内，向原减免税申请人的主管海关报告主体变更情况以及有关减免税货物的情况。

(4) 转让与移作他用。

减免税货物在海关监管年限内，减免税申请人需要将减免税货物转让给进口同一货物享受同等减免税优惠待遇的其他单位，应当办理减免税货物结转手续，货物的监管年限连续计算。

海关监管年限内，减免税申请人需要将减免税货物转让给不享受进口税收优惠政策或进口同一货物不享受同等减免税优惠待遇的其他单位的，应当事先向主管海关申请办理减免税货物补缴税手续。

如需将减免税货物移作他用（如交给其他单位使用或未按照原定地区使用），应当事先向主管海关提出申请，经主管海关审核同意后方可移作他用，并按规定补缴相应税款或提供税款担保。

(5) 贷款抵押。

在海关监管年限内，减免税申请人如需以减免税货物办理贷款抵押，应当向主管海关提出申请，并以海关依法认可的财产、权利提供税款担保。贷款抵押限于银行或者非银行金融机构，不包括自然人、法人或者非法人组织。

主管海关审核同意后，减免税申请人应当自签订抵押合同、贷款合同之日起 30 日内，将合同提交主管海关备案。贷款抵押需要延期的，应当在期限届满前向主管海关申请办理延期手续。

(6) 解除监管。

减免税货物海关监管年限届满的，自动解除监管。对海关监管年限内的减免税货物，减免税申请人要求提前解除监管的，应当向主管海关提出申请，并办理补缴税款手续。进口时免予提交许可证件的减免税货物，按照国家有关规定需要补办许可证件的，减免税申请人在办理补缴税款手续时还应当补交有关许可证件。有关减免税货物自办结上述手续之日起，解除海关监管。

4) 暂时进出境货物监管制度

暂时进出境货物监管制度，是指经海关批准，货物暂时进出关境并且在规定的期限内复运出境、进境，并按规定办结海关手续的监管制度。适用暂时进出境货物监管制度办理进出境的货物称为暂时进出境货物，包括暂时进境货物和暂时出境货物。

暂时进出境货物监管制度主要包括：货物进出境前需在海关办理暂时进（出）境行政许可事项，需提交相关海关事务担保；货物进出境时免予缴纳进出口税款，除另有规定的外，免予提交进出口许可证件；货物进出境完成特定目的后，在规定期限内复运出境或复运进境，或按最终实际流向办结海关手续。

5) 其他进出口监管制度

其他进出口监管制度，主要是针对通过特殊进出境方式和出于特殊目的的货物的监管制度，主要包括过境、转运、通运货物，无代价抵偿货物，修理物品，退运、退关、进口溢卸误卸货物，进出境快件，跨境贸易电子商务零售进出口商品等方面的监管制度。

4. 跨境电商贸易的海关监管模式

跨境电子商务企业、消费者（订购人）通过跨境电子商务交易平台实现零售进出口商品交易，并根据海关要求传输相关交易电子数据的，按照海关总署《关于跨境电子商务零售进出口商品有关监管事宜的公告》接受海关监管。

二维码 3-3　跨境购物，海关如何介入监管

跨境电子商务进出口主要有网购保税进口、直购进口、一般出口、保税备货、跨境电商 B2B 直接出口、跨境电商出口海外仓 6 种模式。

1) 网购保税进口模式（海关监管方式代码：1210）

符合条件的电子商务企业或平台与海关进行联网，电子商务企业将整批商品运入海关特殊监管区域或保税物流中心（B 型）内并向海关申报，由海关实施账册管理。境内消费者网购区内商品后，电子商务企业或平台须将电子订单、支付凭证、电子运单等传输给海关，电子商务企业或代理人向海关提交清单，海关按照跨境电子商务零售进口商品收税标准征收税款，验放后账册自动核销。

2) 直购进口模式（海关监管方式代码：9610）

符合条件的电子商务企业或平台与海关进行联网，境内消费者跨境网购后，电子商务企业将电子订单、支付凭证、电子运单等传输给海关，电子商务企业或代理人向海关提交清单，商品以邮件、快件方式运送，通过海关邮件、快件监管场所入境，海关按照跨境电子商务零售进口商品收税标准征收税款。

3) 一般出口模式（海关监管方式代码：0110）

符合条件的电子商务企业或平台与海关进行联网，境外消费者跨境网购后，电子商务企业将电子订单、电子运单等传输给海关，电子商务企业或代理人向海关提交申报清单，商品以邮件、快件方式运送出境，跨境电子商务综合试验区海关采用"简化申报、清单核放、汇总统计"方式通关，其他海关采用"清单核放、汇总申报"方式通关。

4) 保税备货模式（海关监管方式代码：1210）

符合条件的电子商务企业或平台与海关进行联网，电子商务企业把整批商品通过一般贸易出口方式运入综合保税区等海关特殊监管区域，由海关对其进行账册管理，境外消费者跨境网购后，海关凭清单核放。商品出区离境后，海关定期将已放行清单归并形成出口报关单，电商凭此办理结汇手续。

5) 跨境电商 B2B 直接出口模式（海关监管方式代码：9710）

跨境电商 B2B 直接出口是指境内企业通过跨境电商平台与境外企业达成交易后，通过跨境物流将货物运送至境外企业。

6) 跨境电商出口海外仓模式（海关监管方式代码：9810）

跨境电商出口海外仓是指境内企业将出口货物通过跨境物流送达海外仓，消费者在跨境电商平台网购后，跨境电商从海外仓将货物运送给购买者，并根据海关要求传输相关电子数据，接受海关监管。

二、关税计算

（一）关税定义

关税是由海关代表国家，按照国家制定的关税政策和公布实施的税法对进出关境的货物和物品征收的一种流转税。海关征收关税的依据是《关税法》以及其他相关法律、行政法规的规定。

关税是国家税收的重要组成部分，是国家中央财政收入的重要来源，也是世界贸易组织允许缔约方保护其境内经济的一种手段，其基本作用在于维护国家主权和经济利益。进口关税的起征点为人民币 50 元（含 50 元），低于 50 元的免征。

（二）关税要素

1. 关税征税主体

关税征税主体，亦称关税征收主体。根据《海关法》的规定，行使征收关税职能的国家机关是中华人民共和国海关，征收关税是海关的一项主要任务。未经法律的授权，其他任何单位和个人均无权征收关税。

2. 关税征收对象

关税征收对象，亦称关税征收客体。法律规定，征收关税的标的物，是进出一国关境的货物或物品，它是区别关税和其他税种的重要标志。

3. 关税纳税义务人

关税纳税义务人，亦称关税纳税人或关税纳税主体，是指依法负有直接向国家缴纳关税义务的法人或自然人。《关税法》规定，进口货物的收货人、出口货物的发货人、进境物品的携带人或者收件人，是关税的纳税人。

4. 关税分类

按照不同的标准可对关税进行多种分类。

1) 按照货物的流向

按照货物的流向，可分为进口关税、出口税和过境关税。

（1）进口关税。进口关税是指一国（地区）海关以进入其境内的货物和物品为课税对象所征收的关税，这是关税中的重要组成部分。

（2）出口税。出口税是指一国（地区）海关以出境货物、物品为课税对象所征收的关税。为鼓励出口,世界各国一般很少征收出口税或仅对少数商品征收出口税。征收出口税的主要目的是限制和调控某些商品的过度、无序出口,特别是防止本国一些重要自然资源和原材料的无序出口。

(3) 过境关税。过境关税亦称通过税,指一国(地区)海关对通过本国国境或关境的外国货物所征收的一种关税。

2) 按照计征标准或计税方法

按照计征标准或计税方法,可分为从价税、从量税、复合税、滑准税。

(1) 从价税。从价税以货物、物品的价格作为计税标准,其税率表现为货物价格的一定百分比,特点是价格和税额成正比例关系。我国对进出口货物征收关税主要采用从价税计税标准。

从价税计征公式为:

$$应纳关税税额 = 完税价格 \times 进口关税税率$$

其中,对出口货物征收关税时:

$$货物完税价格 = FOB(中国境内口岸) \div (1 + 出口关税税率)$$

FOB(Free on Board)表示在装运港船上交货的价格,也就是货物在装运港越过船舷前的价格,即离岸价格。

(2) 从量税。从量税是以货物和物品的计量单位(如重量、数量、容量等)作为计税标准的关税征收方式。

从量税计征公式为:

$$应纳关税税额 = 完税数(重)量 \times 进(出)口从量关税税率$$

(3) 复合税。复合税是在《进出口税则》中,一个税目中的商品同时使用从价、从量两种标准计税,计税时按两者之和作为应征税额的征收关税方式。

复合税计征公式为:

$$关税税额 = 完税价格 \times 进口关税税率 + 完税数(重)量 \times 进口从量关税税率$$

(4) 滑准税。滑准税是在《进出口税则》中预先按产品的价格高低分档制定若干不同的税率,然后根据进口商品价格变动而增减税率的一种关税。当商品价格上涨时采用较低税率,当商品价格下跌时则采用较高税率,其目的是使该种商品的国内市场价格保持稳定。

我国目前仅对关税配额外进口的一定数量棉花适用滑准税形式的暂定税率。

3) 按照是否施惠

按照是否施惠,可分为普通关税、优惠关税。

(1) 普通关税。普通关税又称一般关税,指一国政府对与本国没有签署贸易或经济互惠等友好协定的国家或地区的原产货物征收的非优惠关税。目前,我国对非原产于适用最惠国待遇税率、协定优惠税率、特惠税率的国家或地区的进口货物,以及无法判明原产地的进口货物,适用普通税率。

(2) 优惠关税。优惠关税是指对来自特定国家或地区的进口货物在关税方面给予优惠待遇,按照比普通关税税率低的税率征收的关税。

4) 按照是否根据《进出口税则》征收

按照是否根据《进出口税则》征收,可分为正税和附加税。

(1) 正税。正税是按照《进出口税则》中的进口税率征收的关税。正税具有规范、相对稳定的特点。从价税、从量税、复合税、滑准税等都属于正税。

(2) 附加税。附加税指国家出于特定需要,对货物除征收关税正税之外另行征收的关税,一般具有临时性特点。附加税包括反倾销税、反补贴税、保障措施关税、报复性关税等。

5. 进口货物关税计算

1) 进口货物关税从价税计算

(1) 计算公式。

进口关税税额＝进口货物完税价格×进口从价关税税率

减税征收的进口关税税额＝进口货物完税价格×减按进口从价关税税率

其中:

① 进口货物完税价格如果按照 CIF(Cost Insurance and Freight,成本加保险费加运费,成本是商品价格加 FOB)成交并经海关审定,则计算公式如下:

进口关税税额＝CIF×进口从价关税税率

② 进口货物完税价格如果按照 FOB 成交并经海关审定,则计算公式如下:

进口关税税额＝(FOB＋运输及相关费用＋保险费)×进口从价关税税率

③ 进口货物完税价格按照 CFR(Cost and Freight,成本加运费)成交并经海关审定,则计算公式如下:

进口关税税额＝(CFR＋保险费)×进口从价关税税率/进口从量关税税率

(2) 计算程序。

① 按照归类原则确定《进出口税则》归类,将应税货物归入适当的税号;

② 根据原产地规则和税率适用规定,确定应税货物所适用的税率;

③ 根据审定完税价格办法的有关规定,确定应税货物的 CIF 价格;

④ 根据汇率适用规定,将以外币计价的 CIF 价格折算成人民币完税价格;

⑤ 按照计算公式正确计算应征税款。

2) 进口货物关税从量税计算

(1) 计算公式。

应征税额＝进口货物数量×单位税额

(2) 计算程序。

① 按照归类原则并根据《进出口税则》,将应税货物归入适当的税号;

② 根据原产地规则和税率适用规定,确定应税货物所适用的税率;

③ 确定其实际进口量;

④ 如需计征进口环节代征税,则根据审定完税价格的有关规定,确定应税货物的 CIF 价格;

⑤ 根据汇率适用规定,将外币折算成人民币(完税价格);

⑥ 按照计算公式正确计算应征税款。

3）进口货物关税复合税计算

（1）计算公式。

应征税额＝进口货物数量×单位税额＋进口货物完税价格×进口从价税税率

（2）计算程序。

① 按照归类原则并根据《进出口税则》，将应税货物归入适当的税号；

② 根据原产地规则和税率适用规定，确定应税货物所适用的税率；

③ 确定其实际进口量；

④ 根据审定完税价格的有关规定，确定应税货物的 CIF 价格；

⑤ 根据汇率适用规定，将外币折算成人民币（完税价格）；

⑥ 按照计算公式正确计算应征税款。

4）进口货物关税滑准税计算

（1）确定滑准税暂定关税税率的具体方式。

① 当进口棉花完税价格高于或等于 14.000 元/千克时，按 0.280 元/千克计征从量税。

② 当进口棉花完税价格低于 14.000 元/千克时，暂定从价税率按下述公式计算：

$$R_i = 9.0/P_i + 2.69\% \times P_i - 1$$

上述计算结果四舍五入保留 3 位小数。其中，R_i 为暂定从价税率，当按上式计算值高于 40% 时，R_i 取值 40%；P_i 为完税价格，单位为元/千克。

（2）计算公式。

从价应征进口关税税额＝完税价格×暂定关税税率

从量应征进口关税税额＝进口货物数量×暂定从量税率

（3）计算程序。

① 按照归类原则并根据《进出口税则》，将应税货物归入适当的税号；

② 根据审定完税价格的有关规定，确定应税货物的 CIF 价格，根据汇率适用规定，将外币折算成人民币（完税价格）；

③ 根据原产地规则和税率适用规定，确定应税货物所适用的税率种类；

④ 根据关税税率计算公式确定暂定关税税率；

⑤ 按照计算公式正确计算应征税款。

5）反倾销税

（1）计算公式。

反倾销税税额＝完税价格×反倾销税税率

（2）计算程序。

① 按照归类原则并根据《进出口税则》，将应税货物归入适当的税号；

② 根据反倾销税有关规定，确定应税货物所适用的反倾销税税率；

③ 根据审定完税价格的有关规定，确定应税货物的 CIF 价格；

④ 根据汇率适用规定，将外币折算成人民币（完税价格）；
⑤ 按照计算公式正确计算应征反倾销税税款。

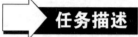

◆ 任务情境

小李到某网络科技有限公司实习，负责配合海关完成公司货物的进出境监管工作。公司计划出口一批广播级电视摄像机，因此需要对该批货物进行报关，以确保货物能够顺利通关。

◆ 任务要求

以下是小李在实习过程中的主要工作任务，包括申报、查验货物、缴纳税费、放行装运等四个环节。通过完成这些任务，小李将全面掌握进出境货物报关流程，积累实践经验，为以后的工作打下基础。

[步骤1] 申报

出口货物出境时，发货人应在货物装船前24小时向海关提出申报。具体来说，发货人在出口货物进入仓库、码头、车站、机场或邮局等场所前24小时向海关申报。申报内容包括进出口货物的公司名称、收发货单位、申报的物品、运输方式、贸易类型、贸易国家和货物的实际状况（主要是名称、规格、数量、重量、价格等）。

[步骤2] 查验货物

进出口货物，除因特殊原因海关免予检查外，均须接受海关检查。对进出口货物的检查应在海关当局确定的时间和地点进行。地点通常为进出口码头、车站、机场、邮局或其他海关监管场所；对于进出口的散装货物、危险货物和鲜活品，如果提出申请，可以在作业地点进行检查；在特殊情况下，经申请并征得海关同意，海关也可派专员到指定场所以外的工厂、仓库或建筑工地检查货物，并按规定收取费用。

[步骤3] 缴纳税费

纳税人应在海关出具完税证明后，在规定期限内向指定银行缴纳关税。逾期未缴纳税款的，海关除依法追缴税款外，还应当依照法律、法规的相关规定征收滞纳金。

[步骤4] 放行装运

放行是指海关接收出口货物的报关单，并在核实报关单、检验货物和按照法律规定征收关税后，决定终止对出口货物的现场监管行为。通关后，出口商可对该批货物进行处置、办理装运。

任务评价

任务完成度评价表如表3-1所示。

表3-1 任务完成度评价表

层级	评价内容	满分	得分	自我评价
1	知道如何进行海关申报	20		
2	了解查验货物的注意事项	30		
3	掌握缴纳税费的相关知识	30		
4	了解放行装运注意事项	20		

项目综合测评

一、单项选择题

1. 以下不按照《进出口税则》税率征收进口货物关税的是（　　）。
   A. 复合税　　　　　　　B. 从量税
   C. 从价税　　　　　　　D. 反倾销税

二维码3-4　项目三任务一综合测评答案

2. 自境外起运，通过我国境内陆路运输继续运往境外的货物是（　　）。
   A. 过境货物　　　　　　B. 转运货物
   C. 通运货物　　　　　　D. 转口货物

3. 经海关批准暂缓办理纳税手续进境，在境内储存、加工、装配后复运出境或转为进口货物的是（　　）。
   A. 特定减免税货物　　　B. 保税货物
   C. 通运货物　　　　　　D. 暂时进出货物

二、多项选择题

1. 下列海关监管起止时间描述正确的有（　　）。
   A. 一般进口货物，自货物进境之时起至海关放行时止

B. 暂时进境货物，自货物进境之时起至货物复运出境并销案止

C. 特定减免税货物，自货物进境之时起至海关监管年限届满或办结相关海关手续时止

D. 保税加工进口货物，自货物进境之时起至加工成品复运出境并核销时止

2. 进入我国关境内的（　　），属于关税征收对象。

A. 货物　　　　　　　　　　B. 物品

C. 载运货物的运输工具　　　　D. 人员

三、判断题

1. 海关监督管理的对象是所有进出关境的运输工具、货物、物品和旅客。（　　）

2. 一般出口货物经海关放行并实际运离关境后，方视为结关。（　　）

3. 进出口货物的纳税义务人，应当自海关填发税款缴款书之日起15日内向指定银行缴纳税款。（　　）

任务二　了解保税进口物流

任务目标

◆ 素养目标

1. 提高团队协作能力与创新能力。
2. 培养法律意识与规则意识。
3. 提高独立分析与解决具体问题的综合素质能力。

◆ 知识目标

1. 了解保税制度和保税进口的概念。
2. 了解保税进口业务流程。

◆ 技能目标

1. 理解保税进口的基本概念。
2. 能解读保税进口业务流程。

一、保税制度和保税进口的概念

（一）保税制度

1. 保税制度的概念

保税制度是海关对进口货物暂不征税，但保留征税权的制度。在保税制度下，允许特定的进口货物在入关进境后，未确定内销或复出口的最终去向前，暂缓征缴关税和其他国内税。保税的货物由海关监管，且可以在海关监管下于指定或许可的场所、区域进行储存、中转、加工或制造，是否征收关税视货物最终是进口内销还是复运出口而定。

二维码3-5 青岛保税仓库：巧用保税仓库降低企业物流成本

2. 中国保税制度发展历程

保税制度是随着商品经济和国际贸易的发展而产生和发展的。19世纪中后期，一些发达的资本主义国家为发展本国对外贸易，鼓励出口，对生产出口产品的工厂和企业所进口的原材料实行了保税制度。随着资本主义国家的殖民扩张，保税制度被引入殖民地地区，在一定程度上促进了殖民地经济的发展。20世纪，世界各国为促进和鼓励本国对外贸易，特别是出口贸易的发展，竞相建立保税制度，这一制度的适用范围也从单纯的加工生产领域延伸到商业领域，涵盖了如转口贸易货物的保税和进口寄售商品的保税等。

在我国，早在新中国成立前，海关就有过保税制度，然而当时的中国处于半殖民地半封建社会，海关被帝国主义列强控制。1882年，为方便和扩大外国商人对华出口贸易，当时的中国海关总税务司、英国人R.赫德在上海筹建保税仓库。1888年，第一批保税仓库在上海建立。当时主要是对进口货物的加工、包装等进行保税，随后逐步扩大到其他工业生产品和一般日用商品。1949年中华人民共和国建立后，在当时的政治、经济条件下，保税制度基本停用。1978年，我国开始实行改革开放，为满足对外经济贸易发展和改善投资环境的需要，保税制度逐步恢复，并不断扩大业务范围，创建了一些新的保税模式。如今，保税制度已成为我国发展对外经贸往来、扩大出口创汇、吸引外资的一项重要措施。

3. 保税制度的形式

保税制度按方式和实行区域的不同，有保税仓库、保税工厂、保税区、保税集团等不同形式。

保税仓库是经海关批准设立的场所，进口货物可以暂不办理进口手续并较长时间储存在保税仓库。这些进口货物如果复出口则不必纳税，便于货主把握交易时机出售货物，有利于业务的顺利进行和转口贸易的发展。

保税工厂是经海关批准对专为生产保税货物而进口的物料进行保税加工、装配的工厂或企业。这些进口的原材料、元器件、零部件、配套件、辅料和包装物料等在进口加工期间免征进口税，加工成品必须返销境外。特殊情况需部分内销的，须经海关批准并补征关税。这些物料必须在保税工厂内存放和使用，未经海关许可不得随意移出厂外或移作他用。

保税区是经海关批准专门划定的实行保税制度的特定地区。进口货物进入保税区内或保税区内货物复出口可以免除进口税和出口税。运入保税区的商品可进行储存、改装、分类、混合、展览、加工和制造等。海关对保税区货物进行监管，主要是为了控制和限制运入保税区内的保税货物销往国内。保税区一般设在港口或邻近港口、国际机场等地方。设立保税区的目的是吸引外商投资、促进加工工业和出口加工业的发展，增加外汇收入。因此，国家除了给予保税区关税等税收方面的优惠外，还会提供仓储、厂房等基本设施方面的便利。

保税集团是经海关批准由多数企业组成的，承接进口保税的料件进行多次保税加工生产的企业联合体。对经批准为加工出口产品而进口的料件，海关免征关税，这些进口料件被准许在境内加工成初级产品或半成品，然后再转厂进行深度加工，直至产品最终出口，对每一次的加工和转厂深加工，海关均予保税，从而鼓励和促进深加工出口，扩大出口创汇，提高出口商品的附加值，增加外汇收入。

（二）保税进口的概念

保税进口是指保税仓备货模式下的货物进口发货方式。符合条件的电子商务企业或平台与海关联网，电子商务企业将整批商品运入海关特殊监管区域或保税物流中心（B型）内并向海关报关，由海关实施账册管理。境内消费者网购保税区内商品后，电子商务企业或平台将电子订单、支付凭证、电子运单等传输给海关，电子商务企业或其代理人向海关提交清单，海关按照跨境电子商务零售进口商品征收税款，验放后账册自动核销。

二、保税进口业务流程

跨境电商进口业务流程有两种：保税备货模式和保税进口清关模式。

(一)保税备货模式的概念及业务流程

1. 保税备货模式的概念

保税备货模式是指商家预先将海外商品整批运至国内保税区,境内消费者下单、支付后,海关核对三单(订单、运单、支付单),商品从保税区直接发出,并在海关、国检等监管部门的监管下实现快速通关。商品以个人包裹形式,由国内物流公司配送到消费者手中,时效较快。

保税备货模式适用于品类相对专属、备货量大的电商平台,特点是先从海外发货到保税仓,再通过平台销售。在保税模式下,电商平台可以利用大数据分析货物需求,提前备货。商品储存在保税区仓库等海关监管场所,可以实现快速通关。对消费者而言,保税备货模式下的商品种类相对较少但价格相对较低,运费低且运达速度快。关于消费者提出退货申请的问题,海关总署对跨境电子商务零售进口模式下的退货方式进行了明确规定:退回的商品应当在海关放行之日起30日内原状运抵原监管场所,相应税款不予征收。保税备货解决了直邮进口"批次多,单次货量小,关务监管严"的痛点,订单履行速度也有很大提高。

目前,保税备货模式下的进口商品按照综合税税率征收。但是保税备货模式存在一定的供应链风险,若选品不当造成库存积压,企业就要承担很大的库存成本,这对企业的选品能力提出了很高要求。也正是为了规避对货品积压风险,我国保税备货的区域被限定在海关批准的"海关特殊监管区域"及"保税物流中心(B型)"。

2. 保税备货模式业务流程

保税备货模式业务流程包括如下几项。

(1) 跨境电商企业通过对前期大数据的分析,根据"正面清单"的要求备货。

(2) 跨境电商企业主动进行报检。

(3) 报检通过后进行报关,品类在"正面清单"内的商品,海关予以放行。

(4) 货物进入保税物流中心后,仓库收货、质检、上架。

(5) 消费者在跨境电商平台上下单后,跨境电商企业负责主动报税缴税。消费者付款后在平台上提交个人身份证信息。国检(国家质量监督检验检疫总局)进行布控抽检,对于符合要求的商品,国检、海关放行,运送至保税物流中心进行拣货、出口。

(6) 商品通过境内的物流公司完成产品的投递。

图3-1显示了保税备货模式业务流程。

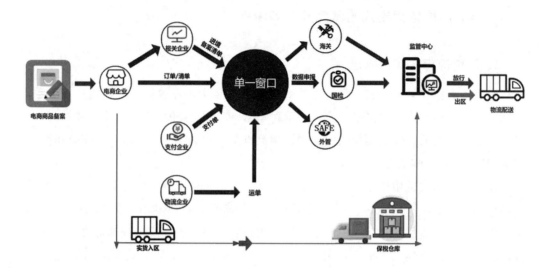

图 3-1　保税备货模式业务流程

（二）保税进口清关模式的概念及业务流程

1. 保税进口清关模式的概念

保税进口清关模式指跨境进口电商在国外提前批量采购商品，并将商品运至保税区内的保税仓库进行免税备货，客户订单发出后，商品直接从保税仓库发出，在海关等部门监管下通关。该模式借助保税区的政策优势，针对特定的热销日常消费品开展"整批商品入区、消费者下单后分批以个人物品出区，征缴行邮税（税改后改为缴增值税和消费税）"的进口业务。试点商品以"个人自用、合理数量"为原则，从而降低货物价格，同时货物从国内发出，缩短了消费者的等待时间。

2. 保税进口清关模式的业务流程

保税进口清关业务流程为：商家将境外采购的商品批量备货至海关监管下的保税仓库（保税区），消费者下单后，电商企业根据订单为每件商品办理海关通关手续，在保税仓库完成贴面单和打包工作，经海关查验放行后，由电商企业委托国内快递配送至消费者手中。每个订单附有海关单据。

二维码 3-6　跨境电商网购保税进口创新

图 3-2 显示了保税进口清关模式业务流程。

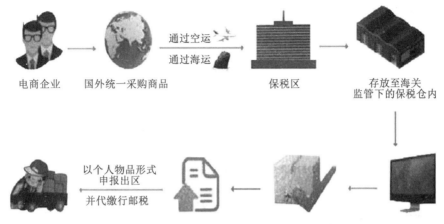

图 3-2 保税进口清关模式业务流程

任务描述

◆ 任务情境

小李到某网络科技有限公司实习,负责跨境电商工作任务。该公司与自贸区合作,在各地保税物流中心建立了跨境物流仓,并与宁波、上海、重庆、杭州、郑州、广州 6 个城市的试点跨境电商贸易保税区、产业园签约进行跨境合作,全面铺设跨境网点。这样压缩了消费者从提交订单到接货的时间,提高了海外直发服务的便捷性。

◆ 任务要求

作为跨境电商工作人员,如何完成跨境电商贸易保税区的工作任务呢?该网络科技有限公司采用邮政物流模式,其特点是以保税仓为基地,选择邮政公司为配送服务提供商,实现跨境订单的快速清关和送达。

任务实施

[步骤 1] 海关监管下的保税仓库

电商平台根据客户下单信息,将订单加入保税仓库存清单。

[步骤 2] 办理通关手续

保税仓随即为该订单上的货物办理海关入境手续,然后通知邮政快递服务商上门提货。

[步骤3] 海关查验和放行

运输过程中，邮政快递服务商将订单的物流信息扫描录入系统，并在境外顺利交付海关。

[步骤4] 履行后续手续

在货物进入保税区后，企业还需履行一些后续手续，包括清关手续、货物入库、报关单证归档等。由于保税仓的货物在境外不需要缴纳进口关税，有助于货物顺利清关并快速地送至境内。

任务完成度评价表如表3-2所示。

表3-2 任务完成度评价表

层级	评价内容	满分	得分	自我评价
1	了解海关监管下的保税仓库	25		
2	知道如何办理通关手续	25		
3	了解海关查验和放行相关知识	25		
4	知道如何履行后续手续	25		

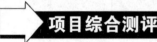

一、单项选择题

1. 下列哪项不属于保税进口模式的特点？（　　）

    A. 货物存放在海关监管场所，可实现快速通关

    B. 发货地点为保税区

    C. 发货地点为国外

    D. 对商品种类有限制

二维码3-7 项目三任务二综合测评答案

2. 下列哪项不属于保税备货模式业务流程？（　　）

    A. 跨境电商企业通过前期备案，根据"正面清单"的要求备货

    B. 报检通过后进行报关，品类在"正面清单"内的商品，海关予以放行

    C. 货物进入保税物流中心后，仓库收货、质检、上架

    D. 企业根据订单为每件商品办理海关通关手续，在保税仓库完成贴面单和打包工作，经海关查验后放行

二、多项选择题

1. 保税进口模式的优势有哪些？（   ）
A. 物流时效快 　　　　　　　　　B. 集中采购
C. 运输成本低 　　　　　　　　　D. 品类多

2. 下列哪项属于保税备货模式业务流程？（   ）
A. 跨境电商企业通过对前期大数据的分析，根据"正面清单"的要求备货
B. 报检通过后进行保管，品类在"正面清单"内的商品，海关予以放行
C. 货物进入保税物流中心后，仓库收货、质检、上架
D. 商品通过境内的物流公司完成产品的投递

三、判断题

1. 保税进口模式的实际操作过程是：商家收到订单后，在境外进行打包，直接从境外通过快递发货、清关、入境。（   ）

2. 结合保税进口和直邮进口的本质及特点，未来保税进口模式适用的主要是价值较高、消费者自主性较强、购买频率一般的商品，如首饰、手表等。（   ）

3. 保税备货模式下，消费者在跨境电商平台上下单后，跨境电商企业负责主动报税缴税。（   ）

任务三　了解直邮进口物流

任务目标

◆ 素养目标
1. 提高团队协作能力与创新能力。
2. 树立法律意识与规则意识。
3. 提高独立分析与解决具体问题的综合能力。

◆ 知识目标
1. 了解直邮进口的含义和特点。
2. 了解直邮进口业务流程。

◆ 技能目标
1. 掌握直邮进口的基本概念。
2. 能解读直邮进口业务流程。

一、直邮进口的概念和特点

(一)直邮进口的概念

直邮进口模式是指符合条件的电子商务企业或平台与海关联网,境内消费者跨境网购后,电子商务企业或平台将电子订单、支付凭证、电子运单等传输给海关,电子商务企业或其代理人向海关提交清单。商品以邮件、快件方

二维码3-8 宝贝格子海外直邮平台

式运送,通过海关跨境电商专门监管场所入境,按照跨境电子商务零售进口商品收税标准征收税款。

直邮进口的实际操作过程是:商家收到订单后,在国外进行打包,商品直接从海外通过快递发货,然后清关、入境。相较于"保税进口"模式,直邮进口的速度更慢、费用更高,但其可供消费者选择的商品种类多于保税进口。直邮进口模式更适合消费者个性化、多元化的海淘需求,具有低时效、高稳定、低风险等特点,主要包含邮政直邮、快件直邮和集货直邮。

邮政直邮、快件直邮进口模式用行邮清关模式,对入境行李物品包裹征收行邮税。在行邮清关模式下,消费者需要以个人名义向海关报关,并提供收件人的身份信息,符合自用合理原则。

集货直邮模式是跨境直邮模式的升级版,指消费者购买境外商品之后,供货商将货物集中存放在海外集货仓,货物达到一定的包裹量之后由国际物流公司转运发货,然后在完成境内清关后配送到消费者手中。

(二)直邮进口的特点

1. 邮政直邮和快件直邮

1)物流时效低

邮政直邮和快件直邮模式物流是:境外商家选择快递公司发货——国际空运——境内快递/EMS清关——境内配送。消费者从下单到收到货物,通常要1个月左右的时间。

2)清关由快递或邮政完成

邮政直邮和快件直邮模式的清关通常由境内商业快递或邮政公司完成,消费者需提供身份证扫描件及详细收货信息,卖方需提前向海关备案邮寄的商品,不在备案范围的商品将被退回。

3）退货困难

邮政直邮或快件直邮模式下，货物由境外商家选择的物流公司负责运输，在这个过程中每个环节都存在货物损坏或丢失的风险，且消费者无法通过相关渠道来追责或进行退货处理。

2. 集货直邮

1）物流时效快

通常情况下，集货直邮的物流服务通常能在两周以内完成配送。集货模式相比邮政直邮模式物流时效更优，也能有效提高消费者的满意度。

2）跨境电商平台提供清关服务

消费者在完成付款操作后需要向电商平台提供身份证扫描件及详细收货信息，由电商平台完成清关。在集货模式下，相关商品须全部报关、100％缴纳税款。

3）物流可靠、丢包率低，平台可提供退货服务

在集货直邮模式下，物流服务由有海外仓资源和干线运输能力的跨境电子商务平台提供，因此包裹若在运输过程中出现丢包、损坏等问题，都可以通过跨境电商平台解决。消费者收到货物后因质量、包装等问题需要退货时，电子商务平台支持消费者进行"本土退货"，然后由电子商务平台境外团队帮助消费者进行境外维权。

4）具有一定的海外仓和国际运输资源

集货模式对海外仓储、清关、多元化干线运输能力的要求较高，因此要求电商平台具备全面解决问题的能力，涵盖从海外仓集货、国际空运安排、顺利清关到境内运输的全链条服务能力。

二、直邮进口业务流程

（一）邮政直邮和快件直邮业务流程

1. 业务流程

邮政直邮和快件直邮业务流程包括如下几个方面。

（1）消费者在电商平台下单，并提交收货人身份信息及收货地址。

（2）境外供应商完成商品采购。

（3）卖家对商品进行包装、贴标，并装入货物装箱单，贴快递面单。

（4）以邮政清关或快件清关的方式进行快速通关，并通过国际（地区间）空运运输。

（5）货物到达境内机场后，进入机场海关监管仓库，海关人员检查是否有偷税及违禁品。

(6)更换货物物流面单,由境内商业快递或邮政公司完成货物的清关。

(7)海关确认放行,由商业快递或 EMS 境内配送到消费者手中。

图 3-3 显示了邮政直邮和快件直邮业务流程。

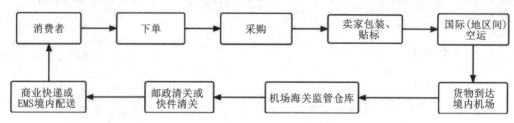

图 3-3　邮政直邮和快件直邮业务流程

2. 清关模式

确认订单后,境外供应商通过国际快递将商品直接从境外邮寄至消费者手中,商品不附海关单据。这种清关模式比较灵活,有订单时才发货,不需要提前备货,但商品包裹与其他邮快件混在一起,物流通关效率较低,包裹数量大时物流成本会迅速上升,适合业务量较少、偶尔有零星订单的情况。

(二)集货直邮业务流程

1. 业务流程

集货直邮业务流程包括如下几个方面。

(1)消费者在电商平台下单,并提交收货人身份信息及收货地址。

(2)跨境电商平台的境外团队完成销售商品的采购。

(3)卖家发货到跨境电商平台的海外仓,境外团队根据用户订单进行拣货、包装、装箱、贴国际物流快递面单等操作。

(4)包裹通过国际空运送至境内机场后,进入机场海关监管仓库。

(5)海关检查包裹中是否有偷税及违禁品。

(6)跨境电商平台统一完成货物的报关程序,海关放行。

(7)通过商业快递或 EMS 配送到消费者手中。

图 3-4 显示了集货直邮业务流程。

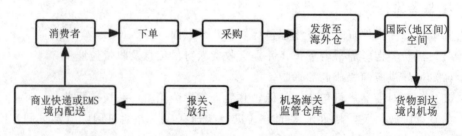

图 3-4　集货直邮业务流程

2. 清关模式

商家将多个订单商品统一打包，通过国际物流运至国内的仓库，电商企业为每件商品办理海关通关手续，经海关查验放行后，由电商企业委托国内快递配送至消费者手中，每个订单附都有海关单据。

二维码3-9　进口直邮：
入境口岸选择

任务描述

◆ 任务情境

小李到某网络科技有限公司实习，负责进直邮跨境电商工作任务。该公司与海关联网，境内消费者跨境网购后，其电子订单、支付凭证、电子运单等由企业实时传输给海关。商家收到订单后在国外进行打包，直接从海外通过快递发货、清关，商品从海关的跨境电商专门监管场所入境。

◆ 任务要求

作为直邮跨境电商工作人员，如何实现跨境订单的快速清关和送达，并顺利完成跨境电商直邮进口工作任务？具体业务流程是什么？

任务实施

[步骤1] 购物订单生成

买家在跨境电商平台上选择心仪的商品并下单，平台自动生成购物订单。

[步骤2] 海外发货

收到订单信息后，境外卖家会迅速将商品打包，并通过国际快递将货物发送到自贸区中心仓库。

[步骤3] 海关清关

货物从海外运送至中国后，需要办理海关清关手续。这一步骤涉及检查、报关和缴纳关税等程序。

[步骤4] 国内快递配送

海关清关完成后，商品将通过国内快递送至消费者手中。

任务完成度评价表如表 3-3 所示。

表 3-3　任务完成度评价表

层级	评价内容	满分	得分	自我评价
1	懂得如何生成购物订单	25		
2	了解海外发货	25		
3	了解海关清关	25		
4	了解国内快递配送	25		

项目综合测评

一、单项选择题

1. 下列有关跨境直邮模式的描述正确的是（　　）。
  A. 大部分的跨境电商平台都采用直邮模式
  B. 直邮模式最大的优点就是可以节省运费
  C. 直邮模式可以给消费者提供多样化的产品
  D. 直邮的产品可以免缴关税

二维码 3-10　项目三任务三综合测评答案

2. 下列哪项不属于直邮模式流程？（　　）
  A. 保税区仓储
  B. 国内快递派送
  C. 跨境通系统生成订单条形码
  D. 跨境电子商务区清关

二、多项选择题

1. 以下属于跨境电子商务进口海关监管模式的是（　　）。
  A. 一般贸易进口　　　　　　　B. 保税进口
  C. 直购进口　　　　　　　　　D. 直邮进口
2. 在集货清关模式下，哪些环节涉及海关的监管和操作？（　　）
  A. 商家将商品运至保税仓库
  B. 国内电商企业/平台为商品办理海关通关手续
  C. 海关对商品进行查验和放行
  D. 国内快递将商品派送至消费者手中

三、判断题

1. 在直邮进口模式下,由电商平台负责完成清关。（ ）
2. 与保税进口模式不同,直邮进口模式前期准备中,不需要向海关及国检备案。（ ）
3. 直邮进口模式下的清关流程包括快件清关与集货清关。（ ）

项目四 跨境电商出口发货

Project Four

任务一 了解速卖通线上发货

任务二 认识 FBA 发货

项目导航

  本项目将带领你深入探索跨境电商出口发货的关键领域。在任务一中，我们将了解全球速卖通（以下简称速卖通）线上发货方式及物流线路，包括各个线路的介绍、运送范围及价格、时效和物流信息查询，从而更好地掌握跨境电商订单的处理方式和物流环节的知识。

  在任务二中，我们将进一步认识 FBA 发货，明确其定义、优劣势、对产品物流包装箱的要求、收费计算方式、入库发货方式。我们还将探讨 FBA 发货以及 FBM 发货的优势和劣势，以及如何充分利用 FBA 服务来提升店铺的竞争力和买家满意度。深入了解 FBA 发货将有助于全面理解跨境电商业务的运作机制，在跨境电商业务中提高效率和客户满意度。

  通过这两个任务的学习，我们将全面掌握跨境电商出口发货的知识和技能，为将来从事跨境电商事业奠定坚实的理论基础。

项目导学

本项目将带你深入了解跨境电商出口发货的各个环节，并探讨其在实际操作中的重要性。

首先，跨境电商出口在国际贸易中扮演举足轻重的角色，是企业拓展国际市场的重要途径。其中，我国的速卖通平台已经成为连接我国制造业和全球消费者的重要桥梁，速卖通平台通过线上发货服务，实现了商品跨境销售各个环节的无缝对接和快速流通。速卖通平台以其便捷的购物体验和高效的物流赢得了广大消费者的喜爱。我们将学习和探讨如何优化速卖通线上发货的流程，提高发货效率，降低物流成本。

其次，优化跨境电商出口发货流程对提升供应链效率有着重要作用。FBA发货服务就是一个典型的例子。通过亚马逊平台的全球物流网络，卖家可以将商品批量发送到该平台仓库，由平台负责存储、打包和发货。这种模式不仅提高了发货效率，还降低了物流成本，为卖家和买家提供了更加便捷和可靠的购物体验。FBA作为全球领先的电商物流服务，以其高效的仓储和配送能力赢得了众多商家的青睐。我们将深入了解FBA发货的流程和操作要点，学习如何合理利用FBA来提升商品的竞争力。同时，我们还将探讨如何降低FBA的运营成本，提高整体利润。

最后，随着全球环境问题日益凸显，可持续发展成为跨境电商出口发货的重要议题之一，企业在跨境电商业务中需要关注可持续发展的问题。跨境电商企业可以通过践行绿色包装、减少碳排放和环保理念，为环境保护贡献力量，推动可持续发展。例如，一些跨境电商企业致力于使用可再生能源和可降解材料，以减少环境负担，推动绿色发展。这些实践工作有助于企业形象的建设，同时也为跨境电商行业未来可持续发展奠定基础。

任务一　　了解速卖通线上发货

◆ 素养目标

1. 通过对速卖通平台发货规则的了解，培养"互联网平台"思维，树立"规则"意识。

2. 通过学习跨境监管和运费计算方法，树立"合规"意识，以及"成本节约、效率优先"的观念。

二维码 4-1
速卖通线上发货微课

3. 掌握速卖通平台对物流服务的考核方法，通过学习物流和服务模板的设置方法，树立"服务至上"的工作意识，提高物流职业素养和信息处理能力。

◆ 知识目标

1. 了解速卖通发货方式与平台规则。
2. 认识并理解运费模板和服务模板。
3. 掌握速卖通线上发货知识。

◆ 技能目标

1. 能够根据速卖通物流报价计算运费。
2. 能够设置速卖通运费模板和服务模板。
3. 能够操作速卖通线上发货。

一、速卖通三种发货方式

（一）跨境物流

跨境物流的特点是发货灵活，成交后商家在境内交付包裹，由物流商送至境外买家。

（二）海外仓发货

海外仓发货的特点是时效快，卖家提前备货至海外仓库，消费者下单后卖家从海外仓库发至买家。

（三）国内仓发货

国内仓发货的特点是备货便捷，平台提前备货国内优选仓。这种方式的优势在于，大促、节假日可以不打烊，一键托管订单，实现自动发货。

另外，根据物流服务体系的不同，速卖通发货还可以分为线上发货和线下发货。线上发货是由速卖通菜鸟网络联合多家优质第三方物流商打造的物流服务体系。卖家使用线上发货，需要在速卖通后台在线下物流订单，物流上门后（或卖家自寄至物流商仓库），卖家可在线支付运费或在线发起物流维权。阿里巴巴作为第三方将全程监督物流商服务质量，保障卖家权益。线下发货是跨境电商的传统发货方式，可以通过邮局或四大官方快递来发货，但更多的还是选择和货代公司合作发货的方式。

对于既没有稳定的订单量又缺乏国际物流方面经验的速卖通新手卖家，速卖通线上发货是非常好的选择。

二、速卖通线上发货主要物流线路

（一）菜鸟超级经济 Global

菜鸟超级经济 Global（Cainiao Super Economy Global）是菜鸟网络与目的国邮政联合、针对 2 kg 以下小件物品推出的经济类邮政产品，主要适用于轻型、低价值的商品，如小型电子产品、配件和服装。支持运送到 188 个国家和地区，对于发往俄罗斯、白俄罗斯、乌克兰的订单，有 2 美元以下的限制；而对于发往其他国家和地区的订单，则限制在 5 美元以下。

1. 线路介绍

1）渠道稳定

菜鸟网络与优质物流商及目的国邮政合作，采用稳定干线资源，将物品快速运输到目的国，再由当地的邮政进行邮政清关及派送，适合货值低、重量轻的物品。

2）交寄便利

北京、深圳、广州、东莞、佛山、汕头、中山、珠海、江门、义乌、金华、杭州、宁波、温州、上海、昆山、南京、苏州、无锡、福州、厦门、泉州、惠州、莆田、青岛、长沙、武汉、郑州、成都、葫芦岛、保定等城市提供上门揽收服务，非揽收区域卖家自行寄送至仓库。

3）赔付保障

货物自揽收或签收成功之日起 10 天仍未交航发出且 55 天（部分国家为 35 天）仍未到达目的国的商品，视为丢失。丢失引起的速卖通平台限时达纠纷赔款，由物流商承担赔偿责任，按照实际损失价值（以该订单在速卖通的实际成交价为标准）给予赔偿。丢件卖家可在线发起投诉，投诉成立后 1~3 个工作日完成赔付。

2. 运送范围及价格

1）运送范围

菜鸟超级经济 Global 支持发往 188 个国家和地区。

2）计费方式

运费根据包裹重量按克计费，10 g 起重（美国 20 g 起重），每个单件包裹限重在 2000 g 以内。

3. 时效

正常情况下 35~55 天可以实现妥投，特殊情况除外（包括但不限于不可抗力、海关查验、偏远地区、政策调整以及节假日等）。

4. 物流信息查询

菜鸟超级经济 Global 通常不提供完整的追踪功能，这意味着一旦包裹离开中国境内，便无法再追踪包裹的物流进度。菜鸟超级经济 Global 仅提供国内段揽收、入库、出库和交航等信息，部分目的国家可提供"到达目的国"跟踪信息。

（二）菜鸟无忧物流-简易

菜鸟无忧物流-简易（AliExpress Saver Shipping）是专门针对速卖通卖家的小包货物推出的简易类物流服务，为速卖通卖家提供国内揽收、国际配送、物流详情追踪、物流纠纷处理、售后赔付等一站式物流解决方案，并提供关键环节的追踪和查询。

1. 线路介绍

1）物流信息可查询

无忧物流可提供出口报关、国际干线运输、末端接收、到达目的地邮局、买家签收（仅限俄罗斯、白俄罗斯、乌克兰、西班牙、智利、立陶宛、爱沙尼亚、拉脱维亚、以色列、巴西十国）等关键环节的追踪和查询。

2）操作简单

一键选择无忧物流即可完成运费模板配置，深圳、广州、义乌等重点城市提供免费上门揽收服务。

3) 平台承担售后

物流纠纷无须卖家响应,直接由平台介入核实物流问题并判责。因物流原因导致的纠纷、DSR(Detailed Seller Ratings,卖家服务细则评分)低分不计入卖家账号考核。

4) 交寄便利

北京、深圳、广州、东莞、佛山、汕头、中山、珠海、江门、义乌、金华、杭州、宁波、温州(乐清)、上海、昆山、南京、苏州、无锡、福州、厦门、泉州、惠州、莆田、青岛、长沙、武汉、郑州、成都、葫芦岛兴城、保定白沟等城市提供上门揽收服务,非揽收区域卖家自行寄送至揽收仓库或选择申通快递前置揽收服务。

5) 赔付无忧

物流原因导致的纠纷退款,由平台承担。

2. 运送范围及价格

1) 运送范围

运送范围覆盖俄罗斯、西班牙、乌克兰、白俄罗斯、智利、英国、波兰、比利时、德国、荷兰、捷克、葡萄牙、法国、斯洛伐克、匈牙利、罗马尼亚、保加利亚、希腊、芬兰、丹麦、奥地利、斯洛文尼亚、克罗地亚、塞浦路斯、瑞典、爱尔兰、马耳他、卢森堡、韩国、意大利、立陶宛、拉脱维亚、爱沙尼亚、加拿大、以色列、巴西、挪威、塞尔维亚、斯里兰卡全境。

2) 计费方式

运送范围内的国家除西班牙外,运费根据包裹重量按克计费,1 g 起重,每个单件包裹限重在 2000 g 以内;西班牙运费根据包裹重量按克计费,1 g 起重,每个单件包裹限重在 500 g 以内。

3. 时效

1) 预计时效

预计 15~20 天可以实现俄罗斯、乌克兰、韩国大部分地区妥投,20~25 天可以实现西班牙、白俄罗斯大部分地区妥投,30 天可以实现英国、波兰、比利时、德国、荷兰、捷克、葡萄牙、法国、斯洛伐克、匈牙利、罗马尼亚、保加利亚、希腊、芬兰、丹麦、奥地利、斯洛文尼亚、克罗地亚、塞浦路斯、瑞典、爱尔兰、马耳他、卢森堡、意大利、立陶宛、拉脱维亚、爱沙尼亚、加拿大、以色列、挪威、塞尔维亚、斯里兰卡大部分地区妥投,30~40 天实现智利大部分地区妥投,40~50 天实现巴西大部分地区妥投。

2) 承诺时效

无忧物流的运达时间由平台承诺,卖家不能修改。因物流原因导致的纠纷退款由平台承担。具体而言,乌克兰:90 天;巴西、俄罗斯:75 天;其他国家:60 天。斯里兰卡时效自美西时间 2023 年 2 月 15 日(出现上网信息)起订单承诺时效 60 天。

（三）菜鸟无忧物流-标准

1. 线路介绍

菜鸟无忧物流-标准（AliExpress Standard Shipping）是菜鸟网络推出的优质物流服务，为速卖通卖家提供国内揽收、国际配送、物流详情追踪、物流纠纷处理、售后赔付等一站式的物流解决方案。

1）渠道稳定

菜鸟网络与优质物流商合作，搭建覆盖全球的物流配送服务。通过领先业内的智能分单系统，根据目的国、品类、重量等因素，制订最佳物流方案，核心国家预估时效 16～35 天。

2）操作简单

一键选择无忧物流即可完成运费模板配置，深圳、广州、义乌等重点城市提供免费上门揽收服务。

3）平台承担售后

物流纠纷无须卖家响应，直接由平台介入核实物流问题并判责。因物流原因导致的纠纷、DSR 低分不计入卖家账号考核。

4）交寄便利

北京、深圳、广州、东莞、佛山、汕头、中山、珠海、江门、义乌、金华、杭州、宁波、温州（乐清）、上海、昆山、南京、苏州、无锡、福州、厦门、泉州、惠州、莆田、青岛、长沙、武汉、郑州、成都、葫芦岛兴城、保定白沟提供上门揽收服务，非揽收区域卖家自行寄送至揽收仓库。

5）赔付无忧

物流原因导致的纠纷退款，由平台承担，基础赔付上限为 300 元人民币。

6）货值保障升级服务

买家购买货值保障升级服务的商品，因物流原因导致的纠纷退款享货值保障升级服务。

2. 运送范围及价格

1）运送范围

运送范围遍及全球各个地区，其中俄罗斯自提服务覆盖俄罗斯本土 66 个州、183 个城市的近 800 个自提柜，法国自提支持法国本土全境，目前不包括科西嘉岛等外岛。

2）计费方式

小包 1g 起重，按克计费。大包按实际重量与体积重取大值计重［体积重：长

（cm）×宽（cm）×高（cm）/8000］。欧洲 25 国 1 g 起重，按克计费；其余国家，0.5 kg 起重，每 500 g 计费。小包普货、小包非普货及大包计费标准不同，部分国家不支持寄送大包货物。

（1）小包计费：包裹申报重量≤2 kg，且包裹实际重量≤2 kg，且包裹单边长度≤60 cm，且包裹长＋宽＋高≤90 cm。

（2）大包计费：包裹申报重量＞2 kg，或包裹实际重量＞2 kg，或包裹单边长度＞60 cm，或包裹长＋宽＋高＞90 cm；

价格生效时间以速卖通公告时间为准。

要注意的是，仓库根据包裹出库时的重量、尺寸计算运费。同时，如果包裹超出原物流渠道寄送限制，仓库会重新分配物流渠道和计算运费，实际支付运费有可能高于试算运费。

例如：卖家小李的订单包裹重量＜2 kg，同时包裹单边长度＞60 cm，或包裹长＋宽＋高＞90 cm，则该单会按无忧物流中大包的标准进行寄送，运费高于小包运费。

二维码 4-2　菜鸟无忧物流-标准目的国无法投递退件收费标准

3. 时效

1）预计时效

核心国家正常情况下 16～35 天到达目的地，特殊情况除外（包括但不限于不可抗力、海关查验、政策调整以及节假日等）。

2）承诺时效

各地局势不同，物流承诺时效经常变化，以速卖通平台最新公告为准。

4. 物流信息查询

速卖通会在订单详情页面直接展示物流跟踪信息，物流详情全程可跟踪，但部分特殊国家除外。

（四）菜鸟无忧物流-优先

菜鸟无忧物流-优先（AliExpress Premium Shipping）是菜鸟网络推出的优质物流服务，为速卖通卖家提供国内揽收、国际配送、物流详情追踪、物流纠纷处理、售后赔付等一站式的物流解决方案。

1. 线路介绍

1）渠道稳定

菜鸟网络与优质物流商合作，搭建覆盖全球的物流配送服务。通过领先业内的智能分单系统，根据目的国、品类、重量等因素，制订最佳物流方案。

2）操作简单

一键选择无忧物流即可完成运费模板配置，深圳、广州、义乌等重点城市提供免费上门揽收服务。

3）平台承担售后

物流纠纷无须卖家响应，直接由平台介入核实物流问题并判责。因物流原因导致的纠纷，DSR 低分不计入卖家账号考核。

4）交寄便利

北京、深圳、广州、东莞、佛山、汕头、中山、珠海、江门、义乌、金华、杭州、宁波、温州（乐清）、上海、昆山、南京、苏州、无锡、福州、厦门、泉州、惠州、莆田、青岛、长沙、武汉、郑州、成都、葫芦岛兴城、保定白沟提供上门揽收服务，非揽收区域卖家可自行寄送至揽收仓库。

5）揽收升级

上海、杭州、义乌、广州、深圳、东莞 6 个城市提供全境（行政区域）免费揽收服务，商家创建快递揽收的物流订单后，必须使用"组包管理"功能进行组包，组包完成后，揽收任务会主动下达给快递揽收人员。其他发货城市的商家，维持当前揽收方式不变。

6）赔付无忧

物流原因导致的纠纷退款，由平台承担，赔付上限为 1200 元人民币。

2. 运送范围及价格

1）运送范围

运送范围覆盖全球 176 个国家及地区（因特殊原因暂停服务的地区除外，以官方实时通知为准）。

2）计费方式

俄罗斯：首重 100 g，续重 100 g，最大支持到 30 kg，以实际重量计费（不收取燃油费）。

俄罗斯以外其他国家及地区：30 kg 及以下，首重 500 g，续重 500 g；30～70 kg 按公斤计费。俄罗斯以外其他国家，以体积重和实际重量的较大者为计费重，体积重计算方式为：长（cm）×宽（cm）×高（cm）/5000，计算后的单位为 kg（此报价不含燃油费，燃油费另外收取）。

仓库根据包裹出库时的重量尺寸计算运费，价格生效时间以速卖通公告时间为准。

3. 时效

核心国家预估时效 16～35 天。运达时间由平台承诺，卖家不能修改。物流承诺时效将随国际运力情况调整，需及时关注速卖通平台公告，以最新通知为准。无忧优先预计时效及承诺时效如表 4-1 所示。

表 4-1 菜鸟无忧-优先预计时效及承诺时效表

国家	预计时效	承诺时效
西班牙、法国、德国、美国、英国、以色列、意大利、加拿大、澳大利亚、比利时、爱沙尼亚、印度、印度尼西亚、日本、柬埔寨、马来西亚、墨西哥、缅甸、新西兰、菲律宾、波兰、新加坡、韩国、瑞典、泰国、越南、文莱	4～10 天	以官方实时通知为准
俄罗斯、阿富汗、阿尔巴尼亚、东萨摩亚（美）、安道尔、安圭拉岛（英）、安提瓜和巴布达、奥地利、巴林、根西岛（英）、孟加拉国、巴巴多斯、伯利兹、贝宁、百慕大群岛（英）、不丹、玻利维亚、波斯尼亚和黑塞哥维那、博茨瓦纳、保加利亚、布基纳法索、布隆迪、喀麦隆、加那利群岛、佛得角、开曼群岛（英）、乍得、智利、哥伦比亚、科摩罗、刚果、科克群岛（新）、哥斯达黎加、克罗地亚、塞浦路斯、捷克、刚果（金）、丹麦、吉布提、多米尼克国、多米尼加共和国、埃及、萨尔瓦多、赤道几内亚、厄立特里亚、埃塞俄比亚、马尔维纳斯群岛、法罗群岛（丹）、斐济、芬兰、法属波利尼西亚、加蓬、冈比亚、格鲁吉亚、加纳、直布罗陀（英）、希腊、格陵兰岛、格林纳达、瓜德罗普岛（法）、关岛（美）、几内亚、几内亚比绍、法属圭亚那、圭亚那、海地、洪都拉斯、匈牙利、冰岛、爱尔兰、科特迪瓦、牙买加、泽西岛（英）、约旦、肯尼亚、基里巴斯、吉尔吉斯斯坦、老挝、拉脱维亚、莱索托、利比里亚、列支敦士登、立陶宛、卢森堡、马达加斯加、马拉维、马尔代夫、马里、马耳他、马绍尔群岛、马提尼克（法）、毛里塔尼亚、毛里求斯、马约特岛、密克罗尼西亚（美）、蒙古国、黑山、蒙特塞拉特岛（英）、摩洛哥、莫桑比克、瑙鲁、尼泊尔、荷兰、新喀里多尼亚群岛（法）、尼加拉瓜、尼日尔、纽埃岛（新）、挪威、阿曼、巴基斯坦、巴拿马、巴布亚新几内亚、波多黎各（美）、卡塔尔、摩尔多瓦、留尼汪岛、卢旺达、圣卢西亚、圣文森特岛（英）、西萨摩亚、圣马力诺、圣多美和普林西比、塞内加尔、塞尔维亚、塞舌尔、塞拉利昂、斯洛伐克、斯洛文尼亚、所罗门群岛、索马里、斯里兰卡、苏里南、斯威士兰、瑞士、巴哈马国、东帝汶、多哥、汤加、特立尼达和多巴哥、特克斯和凯科斯群岛（英）、图瓦卢、阿拉伯联合酋长国、坦桑尼亚、乌兹别克斯坦、瓦努阿图、维尔京群岛（英）、维尔京群岛（美）、赞比亚、南苏丹	8～15 天	以官方实时通知为准

4. 物流信息查询

速卖通会在订单详情页面直接展示物流跟踪信息，物流详情全程可跟踪，但部分特殊国家除外。

（五）菜鸟特货专线-标快

菜鸟特货专线-标快（Cainiao Standard - SG Air）是菜鸟网络推出的优质特货服

务方案，针对俄罗斯3 kg以下、欧美国家2 kg以下小件特殊货品（液体、粉末、膏状等）的挂号类物流服务。

1. 线路介绍

1）渠道稳定

菜鸟网络与优质物流商及目的国邮政合作，采用稳定干线资源运输，国内快速直运到目的国，由当地的邮政进行邮政清关及派送。

2）寄送货品

可以寄送液体类（除油类、含酒精类）、粉末类、膏状类、含磁类等特殊货品。

3）物流信息可查询

提供国内揽收、交航、到达目的国和目的地邮局，以及目的国妥投等关键环节的追踪和查询。

4）交寄便利

北京、深圳、广州、东莞、佛山、汕头、中山、珠海、江门、义乌、金华、杭州、宁波、温州（乐清）、上海、昆山、南京、苏州、无锡、福州、厦门、泉州、惠州、莆田、青岛、长沙、武汉、郑州、成都、葫芦岛兴城、保定白沟等提供上门揽收服务，非揽收区域卖家自行寄送至仓库。

5）赔付保障

货物丢失或损毁引起的速卖通平台限时达纠纷赔款，由平台提供赔偿，商家可在线发起投诉，投诉成立后1～3个工作日完成赔付。

2. 运送范围及价格

1）运送范围

运送范围覆盖西班牙、法国、波兰、荷兰、意大利、英国、德国、美国、俄罗斯。

2）计费方式

运费根据包裹重量按克计费，1 g起重，俄罗斯单件包裹限重在2000 g以内，俄罗斯单件限重3000 g以内，价格生效时间以平台公告时间为准。

3. 时效

1）预计时效

除特殊情况外（包括但不限于不可抗力、海关查验、政策调整以及节假日等），正常情况下主要城市20～30天到达目的地，偏远城市35天左右到达。

2）承诺时效

因物流商原因在承诺时间内未妥投而引起的速卖通平台限时达纠纷赔款，由物流商承担赔偿责任（按照订单在速卖通的实际成交价赔偿，最高不超过300元人民币）。

4. 物流信息查询

速卖通会在订单详情页面直接展示物流跟踪信息，物流详情全程可跟踪。

以上介绍的速卖通物流线路清单与对应等级可通过物流线路列表查询。确定特殊类目对应线路是否可用，可查询菜鸟特货经济和特货标准承运类目清单，或查看对应线路介绍。可达线路国家及线上发货价格，可参考相关线路报价表。线下发货（线上选择"卖家自定义-中国"）的相关细节，可查询可用类目清单、平台物流运费模板对应的目的地，并参考平台物流方案。商家如果要选择 72 小时上网极速达、消费者自提等特殊场景发货物流方案须与消费者协商一致。

任务描述

◆ 任务情境

小李到某网络科技有限公司实习，负责速卖通平台开店和运营。顺利注册了店铺后，小李随即就想在速卖通平台上传产品。小李知道国家大力支持跨境电商发展，因此他对跨境销售工作充满期待。但公司经理建议小李不要着急，应先去了解跨境商品的物流政策、平台规则、重量体积要求、运费计算方法、物流方案设计与组织等问题。

◆ 任务要求

卖家使用运费模板之后，客户在前台下单的时候可以看到不同的物流渠道以及对应的价格、时效等信息。卖家就可以通过对热门国家提供包邮服务，提升支付转化率。对于新手卖家来说，速卖通运费模板制作起来比较复杂，需要分重量段，每个重量段要单独设置一个运费模板，因此需要买家能够熟练掌握菜鸟超级经济 Global、菜鸟无忧物流-简易、菜鸟无忧物流-标准、菜鸟无忧物流-优先、菜鸟特货专线-标快的服务特点和价格标准。

任务实施

[步骤 1] 首先学会运费计算

1. 进入"全球速卖通培训中心"—"物流解决方案"—"运费下载"—"无忧物流和线上发货运费报价（20240118 生效）"。

2. 点击打开无忧物流和线上发货运费报价表（20240118 生效），如表 4-2 所示，点击相应报价链接，可以看见对应路线的报价单。

二维码 4-3　无忧物流和线上发货运费报价-20240118 生效

表 4-2　无忧物流和线上发货运费报价表（20240118 生效）

物流等级	线路名称	普货	带电	特货	报价链接	本版本调整内容说明
经济类物流	菜鸟超级经济 Global	✓	✓		菜鸟超级经济 Global 报价	
	菜鸟专线经济	✓	✓		菜鸟专线经济报价	
	菜鸟特货专线-超级经济	✓	✓	✓	菜鸟特货专线-超级经济报价	
	菜鸟超级经济	✓	✓		菜鸟超级经济报价	
	威海优选仓韩国经济专线	✓			威海优选仓韩国经济专线报价	
	菜鸟超级经济-顺友	✓			菜鸟超级经济-顺友报价	
	菜鸟超级经济-燕文	✓			菜鸟超级经济-燕文报价	
	中国邮政平常小包＋	✓			中国邮政平常小包＋报价	
简易类物流	菜鸟无忧物流-简易	✓	✓		菜鸟无忧物流-简易报价	调价：西班牙、以色列、智利
	菜鸟特货专线-简易	✓	✓	✓	菜鸟特货专线-简易报价	调价：西班牙
标准类物流	菜鸟无忧物流-标准	✓	✓		菜鸟无忧物流-标准报价	调价：西班牙、以色列、智利、俄罗斯、美国、墨西哥、英国、巴西
	菜鸟大包专线	✓	✓		菜鸟大包专线报价	
	菜鸟特货专线-标准	✓		✓	菜鸟特货专线-标准报价	调价：俄罗斯
	燕文航空挂号小包	✓			燕文航空挂号小包报价	
	4PX 新邮挂号小包	✓			4PX 新邮挂号小包报价	

续表

物流等级	线路名称	普货	带电	特货	报价链接	本版本调整内容说明
标准类物流	中国邮政挂号小包	√			中国邮政挂号小包报价	
	中邮 e 邮宝	√			中邮 e 邮宝报价	
	威海优选仓无忧标准	√	√		威海优选仓无忧标准报价	
优先类物流	菜鸟无忧物流-优先	√			菜鸟无忧物流-优先报价	
	菜鸟特货专线-标快	√	√	√	菜鸟特货专线-标快报价	调价：俄罗斯

根据自己产品的规格，从小包普货计费、小包非普货计费、大包计费中进行选择。例如：1 kg 不含有电池/非液体化妆品等商品可选择小包普货计费，1 kg 含有电池/液体化妆品等商品可选择小包非普货计费，2 kg 以上的产品则需选择大包计费。不同国家/地区对包裹的重量体积上限要求不同，具体可参照表 4-3。

表 4-3 不同国家/地区对包裹的重量体积上限要求

国家/地区	重量限制	体积限制
奥地利、巴林、比利时、不丹、保加利亚、塞浦路斯、丹麦、斐济、芬兰、法国、德国、希腊、匈牙利、印度、爱尔兰、日本、约旦、科威特、卢森堡、马来西亚、马尔代夫、蒙古国、荷兰、挪威、阿曼、巴基斯坦、菲律宾、沙特阿拉伯、新加坡、所罗门群岛、索马里、韩国、瑞典、瑞士、泰国、阿拉伯联合酋长国、越南、也门、智利、捷克	不超过 30 kg	单边长度不超过 150 cm，三边长度之和不超过 200 cm
巴西、加拿大、埃及、西班牙、英国、印度尼西亚、以色列、冰岛、意大利、老挝、斯里兰卡、新西兰、波兰、葡萄牙、卡塔尔、罗马尼亚、俄罗斯、斯洛文尼亚、土耳其、乌克兰、美国、缅甸、白俄罗斯、墨西哥	不超过 30 kg	单边长度不超过 105 cm，三边长度之和不超过 200 cm

续表

国家/地区	重量限制	体积限制
澳大利亚	不超过 30 kg，香港仓发澳大利亚不超过 2 kg	包裹单边长度不超过 105 cm，最小面周长不超过 140 cm，体积不超过 0.25 立方米
孟加拉国	不超过 20 kg	单边长度不超过 105 cm，三边长度之和不超过 200 cm

1）普通包裹案例

假设有一个普货包裹，重量为 240 g，包裹的长、宽、高都符合速卖通平台物流线路的规定，须运往法国，分别按照菜鸟无忧物流-标准、菜鸟无忧物流-简易、菜鸟超级经济 Global、菜鸟无忧物流-优先等物流线路计算运费。

（1）菜鸟无忧物流-标准。

菜鸟无忧物流-标准报价单，如表 4-4 所示。

表 4-4　菜鸟无忧物流-标准报价单

运达国家/地区	小包普货计费					
	0～150 g（含）		150～300 g（含）		300～2000 g（含）	
	配送服务费元(RMB) /kg（每 1 g 计重）	挂号服务费元(RMB) /包裹	配送服务费元(RMB) /kg（每 1 g 计重）	挂号服务费元(RMB) /包裹	配送服务费元(RMB) /kg（每 1 g 计重）	挂号服务费元(RMB) /包裹
法国	76	16	76	16	58	21

根据表 4-4 可知，小包普货与非普货计费标准不同，小包普货（申报且实际品类不含有电池/非液体化妆品）的计费方式是 1 g 起重，按克计费，且包裹重量（申报重量且实际重量）≤2 kg，包裹单边长度≤60 cm，包裹长＋宽＋高≤90 cm。因此运往法国的普货包裹按照菜鸟无忧物流-标准物流路线运输则费用计算如下：

菜鸟无忧物流-标准运费＝配送服务费（76 元/kg）×包裹重量（0.24 kg）＋挂号服务费（16 元/包裹）＝34.24（元）

(2) 菜鸟无忧物流-简易。

菜鸟无忧物流-简易报价单，如表 4-5 所示。

表 4-5　菜鸟无忧物流-简易报价单

运达国家/地区	小包普货计费					
	0～50 g（含）		51～100 g（含）		101～2000 g（含）	
	配送服务费美元（USD）/kg（每 1 g 计重）	挂号服务费美元（USD）/包裹	配送服务费美元（USD）/kg（每 1 g 计重）	挂号服务费美元（USD）/包裹	配送服务费美元（USD）/kg（每 1 g 计重）	挂号服务费美元（USD）/包裹
法国	10.5	1.1	8.78	1.27	9.27	1.95

按照菜鸟无忧物流-简易物流路线运输则费用计算如下：

菜鸟无忧物流-简易运费＝配送服务费（9.27 美元/kg）×包裹重量（0.24 kg）＋挂号服务费（1.95 美元/包裹）＝4.1748（美元）

(3) 菜鸟超级经济 Global

菜鸟超级经济 Global 报价单，如表 4-6 所示。

表 4-6　菜鸟超级经济 Global 报价单

运达国家/地区	包裹重量为 1～100 g		包裹重量为 101～2000 g		最低计费重量
	配送服务费（根据包裹重量计费）元（RMB）/kg	Item 服务费元（RMB）/包裹	配送服务费（根据包裹重量计费）元（RMB）/kg	Item 服务费元（RMB）/包裹	
法国	69.3	6.67	40.66	9.65	10 g

按照菜鸟超级经济 Global 路线运输则费用计算如下：

菜鸟超级经济 Global 运费＝配送服务费（40.66 元/kg）×包裹重量（0.24 kg）＋Item 服务费（9.65 元/包裹）＝19.4084（元）

(4) 菜鸟无忧物流-优先。

菜鸟无忧物流-优先报价单，如表 4-7 所示。

表 4-7　菜鸟无忧物流-优先报价单

国家/地区列表	0～2 kg（含）		2～5 kg（含）		5～30 kg（含）	
收件地中文名	配送服务费元（RMB）/kg（每 1 g 计重）	挂号服务费元（RMB）/包裹	配送服务费元（RMB）/kg（每 1 g 计重）	挂号服务费元（RMB）/包裹	配送服务费元（RMB）/kg（每 1 g 计重）	挂号服务费元（RMB）/包裹
法国	66	24	66	24	78	37

按照菜鸟无忧物流-优先路线运输则费用计算如下：

菜鸟无忧物流-优先运费＝配送服务费（66元/kg）×包裹重量（0.24 kg）＋挂号服务费（24元/包裹）＝39.84（元）

2）非普通包裹案例

假设有一个非普货包裹，重量为240 g，且包裹的长、宽、高都符合速卖通菜鸟特货专线-标准线路的规定，运往国家仍然是法国，试计算运费。

菜鸟特货专线-标准报价单，如表4-8所示。

表4-8 菜鸟特货专线-标准报价单

运达国家/地区	Code	配送服务费元（RMB）/kg（每1 g 计重）	挂号服务费元（RMB）/包裹
		0～2000 g（含）	
法国	FR	60.7	17

按照菜鸟专线-标准路线运输则费用计算如下：

菜鸟特货专线-标准运费＝配送服务费（60.7元/kg）×包裹重量（0.24 kg）＋挂号服务费（17元/包裹）＝31.568（元）

[步骤2] 综合比较运费和时效，制定合理的速卖通物流方案

以上述重量为240 g的普货包裹为例，其长、宽、高都符合速卖通平台物流线路的规定，运往国家为法国，不同路线的物流线路的时效和未收到货纠纷率情况如图4-1所示。

图4-1 速卖通物流线路的时效和未收到货纠纷率情况图

通过计算菜鸟无忧物流-标准、菜鸟无忧物流-简易、菜鸟超级经济Global、菜鸟无忧物流-优先的运费，并结合这几种物流路线的时效和未收到货纠纷率，我们制定了以下速卖通综合物流方案，见表4-9。

表4-9　速卖通物流运费、时效和未收到货纠纷率比较方案

速卖通线上物流线路	运费（元）	时效（天）	未收到货纠纷率（%）	赔付上限（元）	备注
菜鸟无忧物流标准	34.24	16～23	0.95	300	
菜鸟无忧物流简易	30.44	24～31	2.38	35	
菜鸟超级经济	19.41	35～55	3.07	货物自揽收或签收成功之日起10天仍未交航发出且55天（部分国家为35天）仍未到达目的国，则视为丢失，丢失引起的速卖通平台限时达纠纷赔款，由物流商以该订单在速卖通的实际成交价为标准给予赔偿	限5美元以下订单使用
菜鸟无忧物流优先	39.84	14～21	3.74	1200	

[步骤3] 最后学习物流模板设置

1. 登录速卖通卖家后台，点击"产品管理"—"模板管理"—"运费模板"—"新增运费模版"（见图4-2）。

图4-2　速卖通平台"新增运费模板"

2. 输入运费模板英文名称，例如：aliexpress shipping，并点击页面中的"展开设置"（见图4-3）。

图 4-3　速卖通平台的"展开设置"界面

3. 如图 4-4，在不同的类型下勾选所需要的物流方案（比如 5 美元以下的产品可以使用经济类物流，5 美元以上的产品可以使用标准类物流等），并设置物流运费及承诺运达时间。

（注：速卖通无忧物流中的承诺送达时间由平台默认设置，不能调整；可以点击"查看承诺时效详情"了解不同国家的时效）

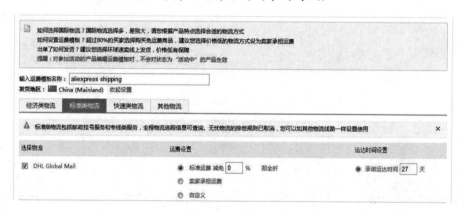

图 4-4　速卖通平台物流设置界面

4. 运费模板填写完成后，点击页面下方的"保存"按钮即可（见图 4-5）。

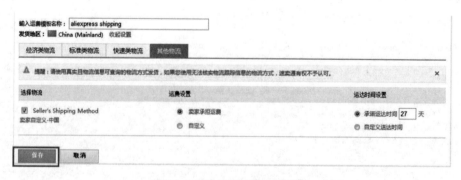

图 4-5　运费模板填写完成界面

运费设置分为标准运费减免、卖家承担运费和自定义运费。

（1）标准运费减免：假设产品重量为 200 g，发往俄罗斯的线上报价经过计算后为 24 元,当标准运费减免 50%,即打 5 折,买家需要付额外的运费 12 元。

(2) 卖家承担运费(建议将运费计入成本):买家在购买产品时,无须支付额外运费。

(3) 自定义运费:卖家根据不同的目的国家对应的不同运费,合理选择包邮或者不包邮的。

例如,产品售价中包含了运费成本 50 元,经过运费计算后,运往 A 国家运费为 45 元,运往 B 国家运费是 100 元,那么我们可以选择对运往 A 国家的产品进行包邮,运往 B 国家的产品按照标准运费减免 50%。在运费模板界面点击"自定义"运费,就会出现如下界面(见图 4-6)。

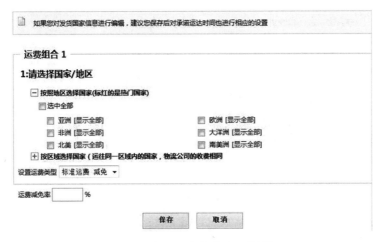

图 4-6 速卖通平台自定义运费界面

5. 卖家合理选择包邮地区,并在左边框内打钩(见图 4-7)。

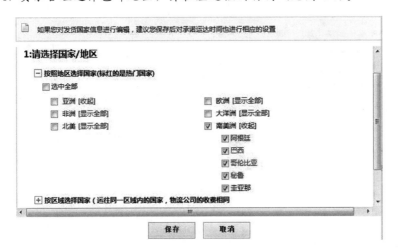

图 4-7 速卖通平台运费组合界面

(1) 设置发货类型(见图 4-8),由于部分物流商不支持送达某国,也可以选择不发货按钮。

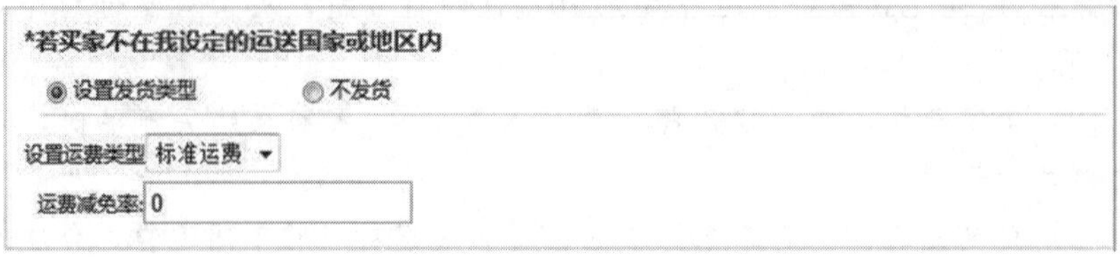

图 4-8 速卖通平台设置发货类型界面

(2) 在设置运费类型下拉框选择卖家承担运费，并且点击确认添加（见图 4-9)。

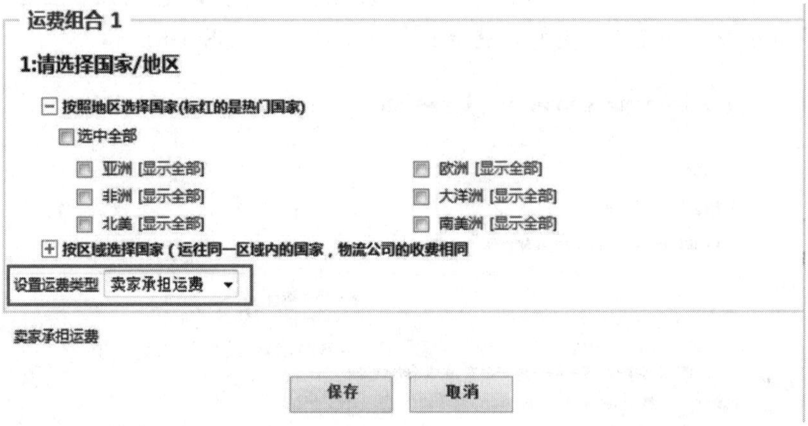

图 4-9 速卖通平台运费类型设置界面

6. 寄往其他未勾选区域需要支付全额运费，卖家需要对不同地区设置不同的运费组合，可通过添加运费组合实现，如图 4-10 所示。

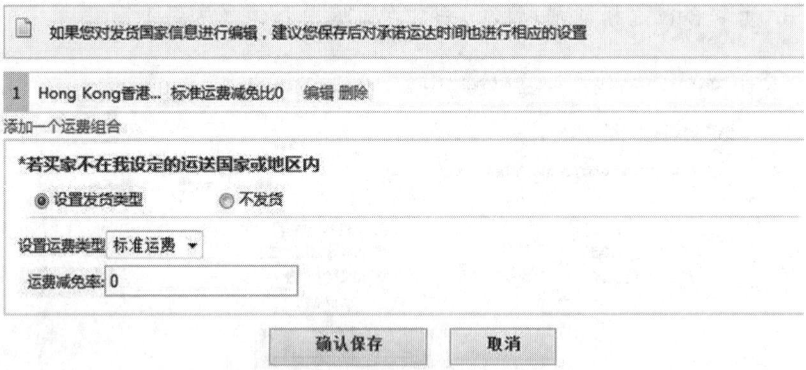

图 4-10 速卖通平台标准运费设置界面

任务评价

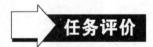

任务完成度评价表如表 4-10 所示。

表 4-10 任务完成度评价表

层级	评价内容	满分	得分	自我评价
1	掌握速卖通标准类物流运费计算方法	20		
2	掌握速卖通快速类物流运费计算方法	20		
3	能够制定合理的速卖通物流方案	20		
5	能够设置运费模板操作	20		

拓展案例

中国包裹5天就到欧洲！
速卖通与菜鸟"全球5日达"正式上线

随着跨境电商加快出海步伐，跨境电商步入"全球5日达"时代。2023年9月26日，速卖通联合菜鸟正式宣布上线"全球5日达"国际快递快线产品，首批落地英国、西班牙、荷兰、比利时和韩国5国。这是全球跨境电商物流领域的领先性产品，五国消费者在速卖通Choice频道下单带有"5-day delivery"（5日达）标识的商品，可在5个工作日收到来自中国的包裹。菜鸟"全球5日达"是行业首个规模化落地的跨境电商快线产品，在亚欧5国同时上线。

此前半年，菜鸟和速卖通在韩国率先试点5日达产品。数据显示，速卖通韩国2023年5月订单量同比提升100%以上。在欧洲，英国、西班牙、比利时和荷兰等重点市场也进入了全球5日达"包邮区"，享受到中国跨境物流的超高时效。

速卖通物流供应链总经理轶云介绍，5日达首批落地的海外市场跨境电商发展潜力巨大。经过几个月的试跑，内部测试显示，5日达快线产品对全托管商家单量和消费者复购带来极大帮助，形成物流带动单量增长的正向循环。

速卖通家具家居商家高某表示，"速卖通卖货＋菜鸟运货"的实力派组合是她做大跨境电商生意的秘诀。作为首批体验5日达的商家，高某的店铺不仅收获了更多五星好评，还看到大量消费者因为丝滑的购物和物流体验来店铺多次下单。到货时效保障已成为她的核心商品竞争力。

过往在跨境物流链路中，只有减少包裹交接次数，时效才会越快，成本才会越低。菜鸟集团副总裁、国际快递事业部总经理丁宏伟表示，菜鸟国际快递围绕链路持续突破，通过减少不必要的交接，强化各链路咬合，同时强化数字化运营能力，给每个物流环节降本提效。

具体来看，菜鸟在国内通过揽收网络建设，实现仓储、分拨、干线仓的功能"三合一"，为商家平均节约1~2天；在海外清关环节，"快进快出"的关仓一体模式，帮助飞机落地后直接清关加分拨一体，省去分拨中心的环节；在末端配送段，欧美等重点市场搭建的高效清关、分拨和末端配送网络，使包裹在当地被揽收后，绝大部分区域第二天即可完成配送。

"5日达就是我们基于对跨境商家和消费者的洞察,创新打造的电商快线产品,给客户创造差异化的价值和体验。"丁宏伟介绍,菜鸟与速卖通这对"出海搭子"长期以来通力协作,共同推出好用不贵的电商物流解决方案。

跨境物流大提效之外,物流保障也要跟上。菜鸟与速卖通还联合推出"5日达、晚到必赔"、多语种客服、免费退货等保障措施,提升海外消费者的综合物流体验。未来,菜鸟将联合速卖通一起把全球5日达拓展至更多国家和地区。目前,菜鸟国际快递物流网络覆盖全球200多个国家和地区,助力更多跨境商家货通全球。

(注:案例来源为中国新闻网《速卖通与菜鸟"全球5日达"正式上线》,内容有删减)

项目综合测评

一、单项选择题

1. 中俄航空属于速卖通的哪一类物流方式?(　　)
   A. 经济类物流
   B. 标准类物流
   C. 快速类物流
   D. 其他物流

2. EMS属于速卖通的哪一类物流方式?(　　)
   A. 经济类物流
   B. 标准类物流
   C. 快速类物流
   D. 其他物流

二维码4-4　项目四任务一综合测评答案

3. 下列哪个物流方式不属于速卖通快速类物流?(　　)
   A. 中俄快递-SPSR　　　　　　B. TNT
   C. 顺丰速运　　　　　　　　D. 139俄罗斯专线

4. 下列哪种物流方式能运送带电产品?(　　)
   A. 中国邮政挂号小包　　　　B. 燕文航空挂号小包
   C. 速优宝芬邮经济小包　　　D. 4PX新邮经济小包

5. 一款0.800 kg的茶叶,需要用邮政挂号小包寄到俄罗斯,挂号费30元,此款产品的运费(俄罗斯运费79RMB/kg)为(　　)。
   A. 96元　　　　　　　　　　B. 93.2元
   C. 84元　　　　　　　　　　D. 88元

6. 当买家由于物流或者产品原因提起纠纷时,不建议采取的措施是(　　)。
   A. 提议再次下单,一并把之前破损的产品寄给买家
   B. 下次订单给买家优惠
   C. 立即同意买家方案退款
   D. 包裹显示在途,请买家耐心等待

7. 买家以货物破损为由提起纠纷，应对措施是（　　）。
A. 立即同意并给买家退款　　　　B. 请买家提供图片证据
C. 为买家延长收货期　　　　　　D. 立即拒接纠纷

二、多项选择题

1. 影响国际运费的因素有（　　）。
A. 产品成本　　　　　　　　　　B. 产品重量
C. 产品类型　　　　　　　　　　D. 物流时效
2. 跨境电商常用的跨境货物包装材料有纸箱、（　　）；辅材有封箱胶带、不干胶警示贴、气泡膜等。
A. 木板箱　　　　　　　　　　　B. 牛皮纸袋
C. 文件袋　　　　　　　　　　　D. 编织袋
3. 菜鸟无忧物流-标准目前可以发往的国家有美国、澳大利亚、英国、加拿大、（　　）等。
A. 法国　　　　　　　　　　　　B. 俄罗斯
C. 白俄罗斯　　　　　　　　　　D. 埃及

三、判断题

1. 速卖通黑五类商品错放是指订单链接等处设置的运费高于实际收取的运费的行为。（　　）
2. 等待付款订单产生的原因有以下几种：买家拍下后发现运费过高；拍下后无法及时联系卖家对于细节进行确认；对于同类产品还需要再次比较；付款过程中出现问题等。（　　）

四、实务操作题

1. 有一个要送到美国的普货，重 210 g，菜鸟无忧物流-标准小包普货运费报价如表 4-11，请计算运费。（结果保留小数点后两位）

表 4-11　菜鸟无忧物流-标准小包普货运费报价表

运达国家/地区	小包普货计费					
	0～175 g（含）		176～450 g（含）		451～2000 g（含）	
	配送服务费元(RMB)/kg（每1g计重）	挂号服务费元(RMB)/包裹	配送服务费元(RMB)/kg（每1g计重）	挂号服务费元(RMB)/包裹	配送服务费元(RMB)/kg（每1g计重）	挂号服务费元(RMB)/包裹
美国	86	18	86	16	86	12.5

2. 某产品售价 15 美元，跨境包裹重量为 2.4 kg（超过 2 kg），属于普货，且包裹长 70 cm、宽 30 cm、高 15 cm，运往国家为法国，请计算运费。（最终结果保留小数点后两位）

提示：包裹重量2.4 kg超过2 kg，2 kg以上的产品需要选择大包计费，大包计费方式如下。

① 包裹申报重量＞2 kg，或包裹实际重量＞2 kg，或包裹单边长度＞60 cm，或包裹长＋宽＋高＞90 cm。

② 大包从实际重量与体积重中取大值计重，体积重：长（cm）×宽（cm）×高（cm）/8000，测量使用四舍五入后取整数的cm数值，计算后的单位为kg，此过程保留小数点后三位。菜鸟无忧物流-标准大包运费报价如表4-12所示。

表4-12　菜鸟无忧物流-标准大包运费报价表

菜鸟无忧物流-标准报价单				
运达国家/地区	运达国家/地区（英文）	Code	大包计费（计泡）	
			限重30 kg	
			配送服务费元（RMB）/kg（每1 g计重）	挂号服务费元（RMB）/包裹
法国	France	FR	43.63	69.69

3. 某电动玩具（含电池），重0.3 kg，包装后长小于60 cm，长、宽、高之和小于90 cm，价值6美元，拟用菜鸟无忧物流-标准发往俄罗斯，请计算运费。（结果保留小数点后两位）

提示：此款含电池产品需选择菜鸟无忧物流-标准小包非普货计费，菜鸟无忧物流-标准小包非普货报价如表4-13所示。

表4-13　菜鸟无忧物流-标准小包非普货报价表

运达国家/地区	小包非普货计费					
	0～150 g（含）		150～300 g（含）		300～2000 g（含）	
	配送服务费元（RMB）/kg（每1 g计重）	挂号服务费元（RMB）/包裹	配送服务费元（RMB）/kg（每1 g计重）	挂号服务费元（RMB）/包裹	配送服务费元（RMB）/kg（每1 g计重）	挂号服务费元（RMB）/包裹
俄罗斯	86.5	17	86.5	19	90	20

4. 某普货包裹，重量为240 g，其长、宽、高都符合速卖通线上发货物流线路的规定，产品售价4.5美元，运往美国，请分别根据菜鸟超级经济Global、菜鸟无忧物流-简易、鸟无忧物流-标准、鸟无忧物流-优先的报价计算运费，结合物流时效、未收到货纠纷率、赔付上限等物流关键绩效指标，制定合理的速卖通线上发货物流方案。

5. 某产品重0.4 kg，产品售价80元，包含了50元的运费成本预算。现在卖家需要设置无忧标准物流的运费模板，其要求是运费≤50元的国家包邮，运费≥50元的国家按照其超出部分进行运费减免的设置。现该商品成交后需运往土耳其，实际运费为75元，按照卖家上述包邮的50元运费成本预算，那么卖家需要将运费模板中买家运费减免_____%。

任务二　认识 FBA 发货

任务目标

◆ 素养目标

1. 通过学习 FBA 发货规则，培养"平台"思维，树立"规则"意识。

2. 通过学习监管和费用计算方法，树立"合规"意识，以及"节约成本，效率优先"的观念。

3. 通过学习 FBA 发货设置，嵌入"服务"意识，培养"创新创业"精神。

◆ 知识目标

1. 了解 FBA 海外仓的定义及优劣势。

2. 熟悉 FBA 所涉及的各项费用。

3. 掌握 FBA 发货后台操作知识。

◆ 技能目标

1. 能计算不同类型产品的 FBA 海外仓费用。

2. 能在后台创建发货计划，知道如何正确打印并粘贴产品标签和包装箱标签。

二维码 4-5
FBA 发货微课

知识储备

一、FBA 的定义及优劣势

（一）FBA 的定义

FBA 是 "Fulfillment By Amazon" 的首字母缩写，指由亚马逊平台提供的包括仓储、拣货、包装、配送、收款、客服和退货在内的高标准物流服务。卖家把自己在亚马逊平台上销售的产品直接送到亚马逊平台当地市场的仓库中，待消费者下订单后，由系统自动完成后续的发货工作。但 FBA 只负责当地配送，不负责货物到达 FBA 仓库之前的运输以及清关工作，这一部分工作被称为 FBA 头程运输，头程需要卖家提前安排将产品运至亚马逊平台本地仓库。亚马逊平台只接受已经完成清关的货物进仓，货物在进入 FBA 仓之前与亚马逊平台没有任何关系，因此亚马逊平台不是货物的进口方，不承担货物因进口清关和进口产生的关税等一切费用，买家下单后即从亚马逊平台本地仓库发货。FBA 服务流程主要包括五个环节，如图 4-11 所示。

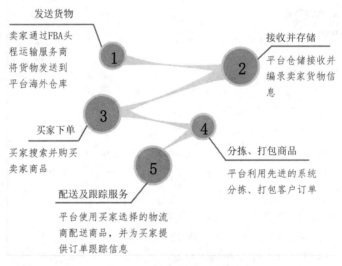

图 4-11　FBA 服务流程图

亚马逊平台是全球著名的 B2C 在线零售平台，其最大的仓库在美国的菲尼克斯（凤凰城），面积有 28 个足球场那么大。2012 年，亚马逊收购仓储机器人制造公司 Kiva Systems，并在物流领域不断创新技术、实施智能化管理，以提高运营效率。FBA 物流拥有超快时效，其日发货量、商品种类、消费者数量在业界遥遥领先。

（二）FBA 的优劣势

1. FBA 的优势

（1）配送时效快（仓库大多靠近机场）。

（2）平台专业客服每周 7 天、每天 24 小时在线，帮助卖家减轻客服压力。

（3）支持多渠道配送，满足跨平台运营需求。

（4）有丰富的物流经验，仓库遍布全球，实行智能化管理。

（5）可以帮助卖家提高 Listing 排名，提高客户的信任度，帮助卖家成为特色卖家、抢夺购物车，进而提升销售额。

（6）因 FBA 导致的中差评，且符合平台移除中差评政策的，平台将予以移除。这有助于改善卖家的账户表现。

（7）对于单价超过 300 美元的商品可免运费。

2. FBA 的劣势

（1）费用偏高。FBA 的综合物流费用比国内发货高，比较适合体积小、重量轻、售价较高的产品，如果是体积大、重量重的产品，物流成本就会比较高，甚至达到产品生产成本的 1~2 倍。

（2）灵活性差。FBA 的客服只能用英文回答物流退换货等简单的问题，对于专业的产品问题，客服一般不了解，也回答不了。同时 FBA 客服通常采用邮件回复，时效性差。

（3）如果前期工作没有做好，会影响产品入仓，甚至入不了库。最常见就是贴产品标签问题，卖家常常需要请头程物流公司的工作人员帮忙处理标签问题，收费是处理费的两倍。

（4）使用美国站点的 FBA，退货地址只支持美国境内。如果想退回国内，费用会很高；请 FBA 销毁也要收取销毁费用。

（5）FBA 仓库不为卖家的头程发货提供清关服务。

二、FBM 的定义及优劣势

（一）FBM 的定义

FBM 是"Fulfillment By Merchant"的首字母缩写，中文意思是"商家自行配送"，是亚马逊平台上的另一种配送方式。在 FBM 模式下，商家需要自己负责处理订单发货、物流配送和客户服务等一系列工作。具体而言，消费者在平台上购买商品并选择 FBM 配送方式后，商家需要自行将商品从自己的仓库或第三方仓库中取出，然后安排快递或物流将商品送达消费者手中。在这个过程中，商家需要自行处理包装、配送、售后和客户服务等所有环节。

（二）FBM 的优劣势

FBM 的优势在于商家可以以更低的成本、更加灵活地控制自己的库存和发货流程，降低库存积压和滞销的风险；商家可以灵活自主地运营，以获得更好的品牌塑造机会，当然，这对商家的运营能力和资源调配能力要求更高。FBM 的劣势包括无法获得 Prime 徽章，因此无法享受 Prime 会员的快速配送服务；需要更多的时间处理订单和退货，以及可能从平台上获得的流量相对较少。

三、FBA 对产品物流包装箱的要求

（一）箱子尺寸、重量标准

FBA 将商品的尺寸规格分为标准尺寸和大件商品，两者进一步划分，标准尺寸分为小号标准尺寸和大号标准尺寸；大件商品分为小号大件、中号大件、大号大件和特殊大件，如表 4-14 所示。

表 4-14 FBA 的尺寸与重量划分标准

产品尺寸	最长边	中长边	最短边	长边+底面周长	重量
小号标准尺寸（非危险品且非服装商品）	15 英寸 38.1 厘米	12 英寸 30.4 厘米	0.75 英寸 1.9 厘米	N/A N/A	≤16 盎司 0.34 千克
大号标准尺寸（非危险品且非服装商品）	18 英寸 45.7 厘米	14 英寸 35.5 厘米	8 英寸 20.3 厘米	N/A N/A	≤20 磅 9 千克
小号大件	60 英寸 152.4 厘米	30 英寸 76.2 厘米	N/A	130 英寸 330.2 厘米	≤70 磅（超出首重 1 磅） 31.82 千克
中号大件（服装和非服装）	108 英寸 274.32 厘米	N/A	N/A	130 英寸 330.2 厘米	≤150 磅（超出首重 1 磅） 68.2 千克
大号大件（服装和非服装）	108 英寸 274.32 厘米	N/A	N/A	165 英寸 419.1 厘米	≤150 磅（超出首重 90 磅） 68.2 千克
特殊大件	>108 英寸 >274.32 厘米	N/A	N/A	>165 英寸 >419.1 厘米	>150 磅（超出首重 90 磅） >68.2 千克

（1）单个包装单位的商品满足以下所有要求的为标准尺寸，只要有一个条件不满足的就是超大尺寸：重量≤20 磅，最长边≤18 英寸，中长边≤14 英寸，最短边≤8 英寸。

（2）超标准尺寸里的"长边+底面周长"是以最长边为高，另两边组成平面底面。

FBA 的费用主要根据产品包裹箱子的尺寸及重量来收取。重量小于 1 磅，则按实际重量计算；重量大于 1 磅的商品，以及小号、中号和大号大件商品，取商品重量

或体积重量［体积重量等于商品体积（长×宽×高，以英寸为单位）除以139］中的较大者收费。如果要计算首重和续重费，就必须使用出库配送重量。平台在产品出库的时候会加上一些包装保护材料和纸箱等，因此产品的出库配送重量并不等于产品入库时的重量。

（二）对箱子尺寸、重量的要求

（1）平台规定，货品单箱重量不能超过30 kg，这是平台为了保障货物操作效率所制定的强制标准。但是不同站点的具体要求又有所不同，欧洲站要求不超过15 kg，美国是22 kg。若单件重量超过要求，需要在纸箱的四面张贴"超重"的警示标签。（标签须彩色打印，且每边不小于8 cm）

（2）纸箱任何一面尺寸不能超过63.5 cm，除非一个单件出运的货物本身尺寸超过63.5 cm。纸箱单件尺寸超过63.5 cm（如不可搬运的），必须放入标准1000×1250 mm的托盘上（仅限英国）或800×1200 mm托盘（其他欧洲国家），除非单件可出运货物的纸箱尺寸超过标准的托盘尺寸。

（3）选择纸箱的尺寸时，关键在于确保在货物放入后剩余空间最小化。也可以通过在单箱内安排多个包装商品来进一步提高空间利用率（在商品不受损害情况下）。

（4）对于被确定为一起销售的纸箱（比如套装），其重量若大于30 kg，则必须被放在一个单一的托盘上（一个出售商品对应一个托盘），并且需要在纸箱四面都张贴"单件出售"；对于重量大于30 kg的纸箱货物（比如家具），通常都需要打托盘，警示标签必须张贴在纸箱四面合适的位置。

（5）为了方便分辨货物，FBA要求在外箱粘贴国家标签。国家标签的式样、颜色按照《各国标志贴纸9.18（CS4）》文件要求执行。国家标签的尺寸为边长4 cm的正方形，粘贴在货物箱窄侧面的右上角，要贴两张。

（三）对箱子包装材料的要求

亚马逊平台有统一的货物包装标准，即选用标准的六面纸箱对商品进行包装。

（1）不要选用破损运输箱（局部或整体有破损）或污染纸箱（外围大面积被涂画）包装商品。

（2）不要使用可生物分解的包装材料打包商品。

（3）不要使用柔软、容易破损的纸箱，包装必须足够坚硬，在运输货物的过程中能够承受一定的外界压力。

（4）纸箱不要用松散的材质填充（如泡沫塑料或者碎纸），填充物的材料须符合亚马逊平台要求。须用大尺寸的衬垫，例如空气枕、整张纸张、泡沫纸或者缠绕膜。

（5）在使用二次利用的纸箱时，确保盒子襟翼完好无损。

（6）不能用大型订书钉或尼龙纤维胶带对纸箱进行固定或封口。

（7）多种货物箱运输时，不要用打包带、松紧带或者其他皮带来捆绑纸箱。

（8）不要在纸箱外围做增加填充物、防护板、纸板等操作。

（9）除非单件货物的纸箱尺寸超标，纸箱的任意一边尺寸不得超过63.5 cm。

(10) 不要使用尺寸与托盘尺寸一样的纸箱。

因不符合包装要求入仓被拒的货物，须发回到原处，重新打包入仓，时间为一周左右，这样不仅会产生额外的费用，还会延误货物的入仓。所以在出货前卖家需要仔细核对自己的货物包装等是否符合目的国的要求，以免因包装被拒收而造成损失。

四、FBA 服务及收费计算方式

卖家选择了亚马逊平台物流库存配置服务，即表示愿意遵守亚马逊平台物流库存配置服务条款和条件。FBA 创建入库计划后，货件可能会被拆分为多个，发往不同的收货中心或运营中心（称为"分布式库存配置"）。平台将根据要运送的商品和发货地来选择运营中心。FBA 将商品分布到多个运营中心之后，买家可以更快地收到商品。为更好地分布商品，平台会通过一个收货中心来中转货件；该收货中心会接收商品并将其重新运输到配送网络中的其他运营中心。收货中心或运营中心成功接收商品后，商品即可出售。对于正重新运输到其他运营中心的商品，买家可以购买，但是，如果当前没有可以立即配送的库存商品，平台显示给买家的发货日期则可能是未来的某一天。除了分布式库存配置，卖家还可以选择库存配置服务，并将所有符合要求的库存商品发送到同一个收货中心或运营中心。货件抵达后，平台将对货件进行拆分并将其发往不同的运营中心，此项服务按件收取费用。在卖家使用库存配置服务时，目的地收货中心或运营中心由平台来决定，卖家无法选择把货件发往哪个收货中心或运营中心，平台可能会针对不同的货件选择不同的目的地收货中心或运营中心。

平台根据商品的重量和尺寸计算费用，并在计算时使用平台上关于商品重量和尺寸的信息。FBA 费用主要由 FBA 订单配送费、FBA 库存仓储费、库存配置服务费、移除订单费（库存处理费）、退货处理费五部分组成，另外也有分拣包装费、重量处理费、库存配置服务费等计划外预处理服务费。

（一）FBA 订单配送费

FBA 订单配送费是向买家配送在平台商城购买的商品而按件收取的费用，该费用取决于商品的分类、尺寸和重量，有时称为"取件和包装"费用。

二维码 4-6
FBA 配送费

（二）FBA 库存仓储费

FBA 库存仓储费分为基本月度仓储费和仓储利用率附加费。亚马逊平台会在每月的 7 日至 15 日之间收取上个月的基本月度仓储费，费用因商品尺寸分段和一年中的时间而异。

除了基本月度仓储费以外，一些卖家还需支付仓储利用率附加费。此附加费的计算依据是仓储利用率的高低。仓储利用率等于过去 13 周内，库存平均每日占用体积除以库存平均每日配送体积的比值。值得注意的是，这一比值是根据每个商品尺寸分段计算得出的，亚马逊平台通常会使用指定月份最后一天的仓储利用率来确定该月的仓储利用率附加费。只有满足以下所有标准时，才会收取此项附加费。

（1）拥有专业销售账户。

（2）向运营中心发送第一批货件的日期已超过 365 天。

（3）在该商品尺寸分段中的库存平均每日占用体积等于或大于 25 立方英尺。

（4）在该商品尺寸分段的仓储利用率超过 26 周。

满足上述条件的卖家，平台将在基本月度仓储费基础上加收一笔仓储利用率附加费，该附加费对应的是卖家在运营中心的库存的平均每日占用体积。如果不符合任何一项标准，则只需支付基本月度仓储费。

二维码 4-7　FBA 月度仓储费和物流库存配置服务

FBA 库存基本月度仓储费计算示例如表 4-15 所示。

表 4-15　FBA 库存基本月度仓储费计算示例

公式	每件商品的总月度仓储费＝日均储存商品数量×每件商品的体积×适用费率
示例商品	示例 1：不符合仓储利用率附加费标准的卖家
示例商品	尺寸分段：标准件 尺寸分段的仓储利用率：14 周 当前月份：7 月 每件商品的体积：0.05 立方英尺 日均储存商品数量：100 危险品分类：非危险品
计算	基本月度仓储费＝日均储存商品数量 100 件×每件商品 0.05 立方英尺×每立方英尺 0.87 美元（7 月对于仓储利用率低于 26 周的标准尺寸商品收取的费率）＝4.35 美元
示例商品	示例 2：符合仓储利用率附加费标准的卖家
示例商品	尺寸分段：大件商品 尺寸分段的仓储利用率：28.6 周 当前月份：7 月 每件商品的体积：0.05 立方英尺 日均储存商品数量：100 危险品分类：非危险品
计算	基本月度仓储费＝日均储存商品数量 100 件×每件商品 0.05 立方英尺×每立方英尺 1.02 美元（7 月对于仓储利用率介于 26～39 周的大件商品收取的费率）＝5.10 美元

例如，要确定 2024 年 4 月某卖家的仓储利用率附加费，亚马逊平台将使用 4 月 30 日这一天的仓储利用率进行计算。如果这位卖家需要支付附加费，亚马逊平台会将该笔附加费计入其月度仓储费，然后向其当月储存在运营中心的所有商品收取这些费用，计算示例如表 4-16 所示。

表 4-16　仓储费总额计算示例

示例卖家	尺寸分段：标准尺寸 当前月份：4 月 库存平均每日占用体积：40000 立方英尺 库存平均每日配送体积：200 立方英尺
卖家仓储利用率	（40000 立方英尺/200 立方英尺）/7（一周的天数）＝ 28.6 周
仓储费总额	基本月度仓储费：每立方英尺 0.87 美元（4 月的标准尺寸商品费率） 仓储利用率附加费：每立方英尺 0.69 美元（4 月的仓储利用率在 26～39 周之间的标准尺寸商品费率） 仓储费总额＝每立方英尺 0.87 美元＋每立方英尺 0.69 美元＝每立方英尺 1.56 美元

计算 FBA 库存仓储费时须首先确定商品是危险品还是非危险品，然后确定商品尺寸分段（标准尺寸或大件）。FBA 需要对于由其配送的内含锂电池的商品和屏幕尺寸不小于 42 英寸且需要进行特殊处理的电视机收取额外的费用。

了解商品的分类和尺寸分段方法后，就可以开始计算发货重量（出库配送重量），并使用以下标准确定需要支付哪些费用：第一，每件商品均需计算出库配送重量，出库配送重量等于包装重量加商品重量或体积重量之和，取商品重量和体积重量中的较大值；第二，算得的出库配送重量数值向上取整数值（如 2.1 磅取整数为 3 磅），出库配送重量（见表 4-17）可以用来计算首重和续重费。

表 4-17　出库配送重量表

商品尺寸分段和类别	包装重量	出库配送重量
标准尺寸媒介类商品	2 盎司（0.125 磅）	商品重量＋包装重量， 向上取整到最接近的磅数
标准尺寸非媒介类商品 （1 磅或更低）	4 盎司（0.25 磅）	商品重量＋包装重量， 向上取整到最接近的磅数
标准尺寸非媒介类商品 （大于 1 磅）	4 盎司（0.25 磅）	（商品重量或体积重量中的较大者）＋ 包装重量，向上取整到最接近的磅数
小号、中号 和大号大件	16 盎司（1.00 磅）	（商品重量或体积重量中的较大者）＋ 包装重量，向上取整到最接近的磅数
特殊大件	16 盎司（1.00 磅）	商品重量＋包装重量向上取整到最接近的磅数

在计算费用时，商品的重量、尺寸和其他测量数值以亚马逊平台提供的为准，这些数值根据包装方式的不同可能有所差异。商品的体积数值，根据包装类型的不同也会有所变化。

对于重量超过 1 磅的大号标准尺寸非媒介类商品（图书、音乐、影视、软件和视频游戏等商品）以及所有小号、中号和大号大件商品，亚马逊平台按照体积重量或商品重量（取数值较大者）来计算按件收取的费用。商品重量是指单件商品的重量，体积重量等于商品体积（长×宽×高，以英寸为单位）除以 139，亚马逊平台可能会使用代表性样本验证商品的重量和尺寸。计算费用时，如果平台提供的关于商品重量和尺寸的信息与卖家的信息存在差异，则采用平台信息。亚马逊平台可能会不定期更改关于商品的重量和尺寸信息，来展示更新后的测量结果。

（三）库存配置服务费

库存配置服务费按以下标准收取（见表 4-18）。

表 4-18　库存服务费收取标准

标准尺寸商品（按件收取）	
小于或等于 1 磅	0.30 美元
1～2 磅	0.40 美元
超过 2 磅	0.40 美元＋（超出首重 2 磅的部分）0.10 美元/磅
大件商品（按件收取）	
小于或等于 5 磅	1.30 美元
超过 5 磅	1.30 美元＋（超出首重 5 磅的部分）0.20 美元/磅

（四）移除订单费

移除费用（库存处理费）指卖家在运营过程中，需要将已完成的订单商品从亚马逊的仓库中移除的费用。通常根据商品的尺寸和重量进行定价。一般情况下，移除订单会在 10～14 个工作日内处理完毕。

（五）退货处理费

退货处理费相当于单件商品的总配送费用。该费用适用于在亚马逊平台上出售的特定分类商品（服装，钟表，珠宝首饰，鞋靴、手提包和太阳镜，箱包类商品），这些分类商品由平台为其提供免费买家退货配送服务，并且实际被退回至某个运营中心。

（六）计划外预处理服务费

如果运送到 FBA 的商品没有经过妥善预处理或贴标，就需要在运营中心接受计划外预处理服务，如贴标或塑料袋包装，这些服务都需要收取一定的费用。

需要注意的是，FBA 费用每年都会调整，其中配送、运输和客户服务费用都会有相应的变化。如果包含易燃、易爆或加压、气溶胶物质的危险品，亚马逊平台就会收取较高的月度仓储费。卖家可以通过亚马逊平台的"卖家中心"后台查看相关费用调整通知，也可以使用亚马逊平台

二维码 4-8　2024 年亚马逊 FBA 新政策

的物流计算器来预估在线商城已发布的特定商品的 FBA 物流费用，实时对比 FBA 费用和自配送 FBM 的费用。

五、 FBA 入库发货方式

（一）直发快递（空运）

直发快递时，若包裹重量在 20 kg 以下，使用 UPS、FedEx、DHL 之类的快递，价格较为优惠，这些类型的快递时效快，适合紧急补货。直发快递可以免预约入库，但要注意平台不作为清关主体，不负责清关和缴税，因此卖家一定要做好申报和关税预付工作，并且提前联系好当地清关进口商。一般的物流公司可以提供税号借用服务，但要收取一定的费用。

（二）FBA 海派

FBA 海派入库发货模式是海运＋当地清关＋目的国派送，三位一体，随时交货随时发。FBA 海运价格便宜，按体积约每立方米 1500 元人民币，但是耗时较长，从发货到入库需要 40 天左右，对卖家的库存估算能力要求较高。一般建议选择有实力、价格较合理的物流公司，例如，龙舟计划、出口易、4PX（递四方）、三态、Webgistix、Egoglobal 等。

（三）海外仓调拨

如果卖家在海外仓有库存货物，则可以为 FBA 补货。从海外仓调拨货物去 FBA 的方式多种多样，可以选择快递免预约入库，也可以选择拖车送货。海外仓调拨的方式灵活简便，可以多频次补货。但是补货时间相对较短，会产生额外的仓储费及手续费，而且会带来资金压力。

六、 FBA 限制品

（一）危险品

危险品通常指纯化学品、混合物质、制成品，或者如果存储、运输或处理不当可能给人、动物或环境带来风险的物品。

家用清洁剂和园艺产品等常见危险物质的包装通常带有危险警示标签和健康与安全警示，表明物品的危险性质以及意外泄漏或吞服此物品时应采取的措施。

FBA 无法处理被美国交通运输部门法规定义为危险物质的大多数商品，其中包括（但不限于）炸药、压缩气体或气雾剂、可燃性液体或固体、氧化剂、毒药、腐蚀性材料、汽车电池、锂离子和锂金属电池，或者包含或随附此类电池的商品（注意：部分情况下，只要提供了必要信息，FBA是可以处理锂离子和锂金属电池的）。

（二）FBA禁运的商品

任何无法以合法方式在美国所有管辖区内销售和分发的商品包括：酒精饮料（包括无醇啤酒）；汽车轮胎；礼品卡、礼券和其他储值工具；具有未授权营销材料（如宣传册、价格标签和其他非平台贴纸等）的商品（注意：平台不接受预先确定价格的标签或商品）；尺寸超过144英寸×96英寸×96英寸或重量超过150磅的商品；需要处理但尚未根据FBA包装要求处理好的商品；包装松动的电池；存在残损或缺陷的商品（注意：如果二手商品标注有状况，说明其可能存在残损）；在发货前未向平台正确注册标签或标签与所注册的商品不符的商品；不遵守平台与卖家之间任何协议的商品；已被非法复制、复印或制造的商品；平台保留权利销毁和拒绝针对已确定为假冒商品的任何库存的移除请求；被平台确定为不适宜销售的商品。

任务描述

◆ 任务情境

小李在某网络科技有限公司实习，他在工作期间表现优秀，公司又注册了一家网店交由他运营。因为担心货物囤积，小李先选择了FBM配送。产品上传至平台后，小李发现曝光量不是很大，于是他想用CPC（Cost Per Click，点击付费）广告增加一些曝光量。但小李了解到，FBM平台前期不分配购物车，不能做CPC广告，且不能报名参加秒杀类的有时间限制的促销活动。在经营一段时间后，小李运营的网店终于出了一单，并通过FBM发货，不料客户收到产品后要求退货，这让小李不知所措。与客户交涉后小李得知，客户退货不方便，因此只能给他退款，这等于将货物白送给买家。这件事情后，小李决定使用FBA。通过精心选品后，小李上架了几款热销款式的商品，并不断进行搜索引擎优化、投放CPC广告，几天后店铺就出单了并且订单越来越多，广告成本随之逐渐降低。后来小李又报名参加站内秒杀等促销活动，这为他的网店运营带来不少流量和订单，产品的搜索排名一下子到了第一页，曝光量和订单量大涨，店铺开始良性发展。

◆ 任务要求

FBA建立了遍布全球的物流运营中心，推出Prime会员服务，为会员提供"两日达"免运费快递服务等权益，这种高效的物流方式是跨境电商B2C平台运营的主要优势。本任务要求学生熟练掌握FBA发货对商品重量和体积的要求，了解FBA物流费用的构成并能进行正确计算；能够在后台创建发货计划，正确打印并粘贴商品标签和货物包装箱标签。

任务实施

[步骤 1] 判断自己的产品是否适合 FBA

并不是所有的产品都适合 FBA,一般拥有以下特点的产品比较适合使用 FBA。

(1) 产品质量、性能有保障的产品。这样的产品一般不会出现退换货情况,可以最大限度减少卖家的损失。

(2) 体积小、利润高的产品。产品体积小、易于运输,可以节约成本。但需要注意,产品售价不宜设得过低。因为采用 FBA 会产生相关的手续费和各种交易费用。如果产品售价过低,利润也会降低。建议采用 FBA 的产品的售价定在 6 美元以上。

不适合走 FBA 的商品有:价格太低的商品、体积太大或太重的商品、冷门商品、季节性太强的商品、明令禁止运输的危险物品等。

[步骤 2] 掌握 FBA 运作机制,计算 FBA 费用

卖家采用 FBA 时,需要先在后台创建发货计划,并按照系统生成的发货计划将货物发至 FBA 仓储中心。仓储服务由亚马逊平台提供,系统会根据卖家在仓储中心放置货物的体积、重量、时长等,计算并收取相应的仓储费。客户下单卖家在平台销售的商品后,仓储中心会自动为卖家安排货物的分拣、包装、配送、收款、客服和售后处理等相关服务。之后,亚马逊平台会根据每个订单的情况,收取相应的订单处理费、分拣包装费和称重处理费等。对于在 FBA 仓库放置时间过长的产品,平台还会收取长期仓储费。总价超过 35 美元的订单有免费配送的资格;对于符合免费配送条件的商品,Prime 会员可以实时更新其配送设置;平台还可以为其他线上平台的电商提供多渠道配送服务。

使用 FBA 的卖家基本上只需要将产品贴上标签,并运送至 FBA 仓储中心即可。平台收到产品并扫描后,即可供出售。通过 FBA 的"卖家中心"板块,卖家可以随时追踪产品信息并补充产品库存。

[步骤 3] 设置库存配置

(1) 在"设置"下拉菜单中,选择 FBA。

(2) 在"入库设置"选项中,点击"编辑"。

(3) 在"库存配置"选项的选择菜单中,选择"库存配置服务"。

(4) 点击"更新"。

[提示贴]

卖家更改"库存配置"选项时，其他正在处理中的货件不会受到影响。新设置仅会应用于更新设置之后创建的货件。如果想要将这一更改应用于当前正在处理的货件，需要删除之前的入库计划，然后在更改设置之后重新创建入库计划。

在设置库存配置时，还有一些例外情况。

注册库存配置服务后，平台会将大多数标准尺寸商品发往同一个收货中心或运营中心。但是，即使使用库存配置服务，平台仍可能会将属于以下分类的商品发送到不同的收货中心或运营中心：服装、珠宝首饰、鞋靴、媒介类商品、使用制造商条形码追踪的商品、大件商品、需要平台预处理的商品、需要贴标的商品、危险品。

[提示贴]

卖家每次逐一从库存列表中选择商品添加到货件中时，平台都会重新评估目的地运营中心。为获得最佳效果，卖家需要在"管理库存"页面中一次性选择好想要添加到货件中的所有商品，然后从"应用于 N 件选定商品"菜单中选择"发/补货"。

[步骤4] FBA 发货操作的步骤

1. 配送转换

主页点击"库存"——选择需要转换的 SKU（Stock Keeping Unit，最小存货单位）——转换为"亚马逊配送"（FBA），如图 4-12 所示。

图 4-12 配送转换网页界面

2. Barcode（条形码）类型选择

选择"Barcode Type"，点击"Amazon barcode"，如图 4-13 所示。

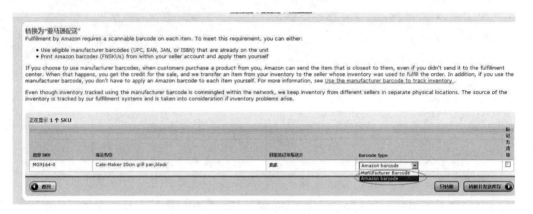

图 4-13 Barcode 类型选择网页界面

3. 发补货

通过 FBA 发补货大致分四个步骤。第一步，新建入库计划或者添加至现有入库计划；第二步，设置发货地址（发货地址可以是默认地址或者新建地址）；第三步，选择"包装类型"；第四步，点击"继续处理入库计划"。包装类型主要有如下两种。

（1）拼箱包装：将所有商品装于一个箱子，每箱不止一个 SKU。

（2）整箱包装：每箱只有一个 SKU，每箱包含相同的 unit 数量，如图 4-14 所示。

- **Individual products (拼箱包装，一个包装箱中会有多个不同的SKU)**
- **Case-packed products（整箱包装，产品按出厂包装规格包装，只包含1种SKU)**

Individual products   Case-packed products

备注：不同包装类型的货物将会由库房相对应的处理流程处理，请注意包装类型的区分！

图 4-14 FBA 拼箱包装与整箱包装

4. 设置数量

设置数量可以在右上角点击"添加商品"，在点开的页面左下方可以删除现有计划和复制过去创建的计划，如图 4-15 所示。

图 4-15 平台上设置发货数量的网页界面

（1）对发货数量做微调，即允许在货件中的商品原始数量（最多 6 件）的基础上，进行最多不超过原始数量 5% 的增减调整。

（2）选择入库方式。入库运送方式有两种：小包裹形式和汽车零担货运，具体方式与发货物流需沟通确认后选择。

小包裹配送（SPD，Small Parcel Distribution）是用单独箱子包装的商品，其配送箱需要单独贴标签。

零担货运/货车荷载（LTL/FTL，Less Than Truck Load / Full Truck Load）是指当一批货物的重量或容积不够装一车（不够整车运输条件）时，与其他几批甚至上百批货物共享一辆货车的运输方式。

5. 准备货件

根据预处理准备向导，判断商品是否需要做预处理，选择谁做预处理。需要进行预处理的产品类型，如表 4-19 所示。

表 4-19 需要进行预处理的产品类型

准备类别	描述及示例
易碎品	可能破碎或粉碎的产品：玻璃、瓷器、相框等
液体	呈液态的产品或会变成液态的产品，如肥皂、喷雾瓶、乳液等
纺织品	由布料或织物制成的产品：服装、毯子、亚麻制品等
毛绒玩具 / 婴儿用品	毛绒玩具或适合三岁以下儿童的产品：泰迪熊、奶嘴、奶瓶等
尖锐物品	产品是尖锐的或有尖锐边缘的：刀具、剪刀、工具等

续表

准备类别	描述及示例
小型商品	最长边小于 2 又 1/8 英寸（最长侧短于 54 毫米，大约是信用卡的宽度）的产品：一些首饰、钥匙链、闪存盘等
成人商品	展示可能令人不适的内容的产品，如成人杂志和电影等

对于由亚马逊平台执行的预处理，平台会收取相应的操作费用。平台会根据产品特性，对某些商品增加包装以达到包装要求，如增加半开放的包装或透明胶带包装等，如图 4-16、4-17 所示。

婴商品
示例：适用于三 (3) 岁及以下儿童的商品（出牙咬环或围兜）或裸露玩具（包装箱的开口尺寸大于 25 平方毫米）
包装材料：塑料袋*、可扫描条形码标签*包装方式：将商品置于透明的塑料袋*中并密封贴标*

锋利、尖锐或以其他方式构成安全问题的商品
示例：剪刀、工具、金属原材料 包装材料：气泡膜包装、箱子、可扫描条形码标签*
包装方式：使用气泡膜包装或置于箱子内，以覆盖所有裸露的边缘并贴标*

易碎品/玻璃体
示例：瓷器、木架、钟表、镜子、玻璃瓶装或罐装液体 包装材料：气泡膜包装、箱子、可扫描条形码标签*
包装方式：使用气泡膜包装或置于箱子内并贴标* 注意：已经做好预处理的商品必须能够从 1 米的高处跌落至坚硬地面而不会破碎

服装、面料、毛绒布料和纺织品
示例：手提袋、毛巾、服装、毛绒玩具
包装材料：塑料袋*、可扫描条形码标签*
包装方式：置于透明的塑料袋*中并密封贴标*

图 4-16 婴儿商品、尖锐物品、易碎品、毛绒布料和纺织品等预处理商品页面

小型商品（最长侧短于 54 毫米）
示例：珠宝、钥匙扣、闪存驱动器 包装材料：塑料袋*、可扫描条形码标签*
包装方式：置于透明的塑料袋*中并密封贴标*

成人商品
示例：提供真人裸体模特图片的商品、包装显示亵渎或淫秽消息的商品 包装材料：黑色或不透明塑料袋或收缩包装、可扫描条形码标签*包装方式：采用收缩包装或置于不透明的塑料袋*并密封贴标*

塑料瓶装液体（将玻璃瓶装液体视作易碎品）
示例：没有双重密封的塑料瓶装液体（最大 1000 毫升）包装材料：塑料袋*、可扫描条形码标签*
包装方式：拧紧瓶盖、进行双重密封或者将容器置于透明的塑料袋*中，然后密封贴标*

粉末、球状颗粒和颗粒物质
示例：面膜粉、食用糖、粉末洗涤剂 包装材料：塑料袋*、可扫描条形码标签*
包装方式：将商品置于透明的塑料袋*中并密封贴标*

图 4-17 小型商品、成人商品、液体、粉末等预处理商品页面

6. 打印商品标签

亚马逊平台的商品标签 FNSKU（Amazon Fulfillment Network Stock Keeping Unit），是由亚马逊系统自动生成的编码，用于跟踪和管理产品库存，如图 4-18 所示。

图 4-18　商品标签 FNSKU

打印商品标签的操作界面如图 4-19 所示。

图 4-19　平台商品标签打印界面

打印包装箱标签和托帕标签（托帕 TAPA 是"Transported Asset Protection Association"运输资产保护协会的缩写）的操作界面，如图 4-20、图 4-21 所示。在图 4-21 中，左图为包装箱标签，右图为托帕标签。

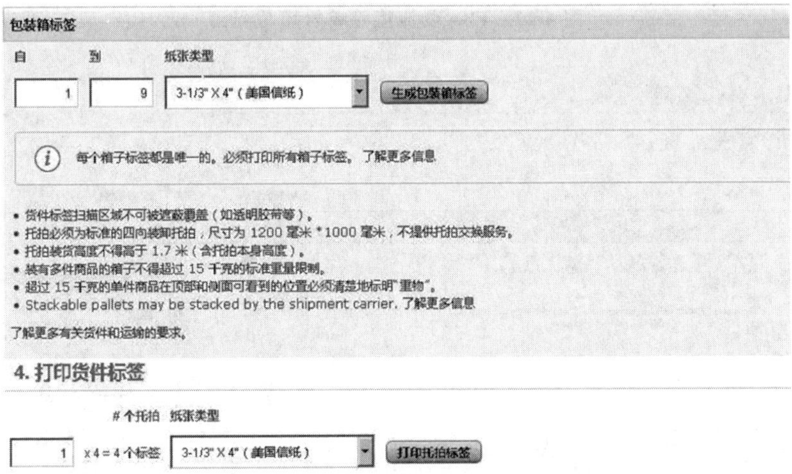

图 4-20　平台上打印包装箱标签和托帕标签操作界面

图 4-21　包装箱标签（左）和托帕标签（右）

7. 填写物流追踪单号

在 FBA 物流追踪单号填写界面填写物流单号，然后检测发货计划的商品清单（见图 4-22）。如果平台确认收货数量与发货数量不符，卖家可以在"货件差异查询"界面联系平台进行调查（见图 4-23）。

图 4-22　FBA 物流追踪单号填写界面

图 4-23　FBA 货件差异查询界面

任务评价

任务完成度评价表如表 4-20 所示。

表 4-20　任务完成度评价表

层级	评价内容	满分	得分	自我评价
1	了解 FBA 选品	20		
2	掌握 FBA 配送费用计算方法	20		
3	掌握 FBA 仓储费用计算方法	20		
4	能够制定合理的物流方案	20		
5	懂得 FBA 发货操作流程	20		

拓展案例

揭秘全球著名电商公司的物流网络——FBA

一、全球典型商业案例 FBA 从何而来？

亚马逊，左手紧握全球著名在线零售商业帝国的舵盘，右手编织着一张高品质供应链物流服务网络，每天准确、高效地为全球客户提供数以亿计订单需求服务，它是如何做到的？

（一）第一阶段：自营 Retail（零售）

在亚马逊，从创始人到普通员工，所有人在工作中提到的最多的一个词就是"客户体验"，这也是该在线零售商坚持自建供应链物流的根源。

亚马逊早期的商业模式是纯直营平台，直营业务通过自建的仓配物流体系进行物流履约，具有高度确定性，但这也仅适用于业务规模较小的初创期。

（二）第二阶段：规模扩张阶段，引入纯平台 Market Place

进入平台扩张期，纯直营模式显然限制了亚马逊的发展。1997 年 5 月，亚马逊上市，开始布局商品品类扩张。为了引入类型更丰富多样的商家，2000 年亚马逊开始引入纯平台 Market Place 模式，但为平台商家提供服务的外包 3PL（三方物流）/4PL（四方物流）能力参差不齐，使得亚马逊平台收到了大量的客户投诉。这让强调成为"以客户为中心的企业"的亚马逊无法容忍，迫使其必须寻找一条中间路，既能保证服务品质，又能扩大规模。

(三)第三阶段:Prime 会员服务+FBA 物流服务,创造飞轮效应

在这种情况下,具有飞轮效应的"Prime 会员服务+FBA 物流服务"诞生了。2005 年,亚马逊推出 Prime 会员制,2007 年又引入了 FBA 服务,即卖家选择使用 FBA 模式的商品,将自动获得 Prime 商品标签,用户则可以享受亚马逊平台提供的自营供应链物流服务。相当于亚马逊将自身平台开放给第三方卖家,鼓励卖家将其库存存入 FBA 全球物流网络,并为卖家提供拣货、包装以及终端配送的服务,亚马逊平台则收取服务费用。这样一来,FBA 良好的物流服务进一步驱动更多的卖家选择成为 Prime 会员,增加了亚马逊平台的流量,这样的规模效应又可以推动平台不断拓展自建物流体系。

二、成功商业模式下的供应链物流履约体系是什么样的?

亚马逊成功的商业模式是通过什么样的物流服务体系来带动运转的呢?

在亚马逊成立后的头十几年里,其物流建设的步伐相对比较缓慢。截至 2013 年共有 40 座配送中心,而且从成本角度考虑出发,大部分都建于偏远地区,运输和配送也主要依赖第三方物流。虽然此前亚马逊一度因为 UPS、FedEx 等无法满足平台周末配送的需求而与三方物流多有摩擦,但直到 2013 年,圣诞节购物旺季的庞大配送需求使得 UPS 世界港中心物流瘫痪,影响了亚马逊平台数十万包裹的配送,才直接刺激了亚马逊下决心重资产投入物流基础设施建设,构建由仓库、配送中心、车队、飞机组成的运输网络。

在网络节点上,通过大规模建设一系列履约中心、分拣中心、配送站点、Prime now 中心、航空枢纽,来加强对物流环节的掌控。

干线运输方面,主要包括空运、陆运和第三方物流配送。

在空运方面,2015 年,亚马逊推出航空货运网络 Prime Air 服务,该服务最初用于内部跨区域仓库和枢纽之间的高效调拨,到 2021 年开始,正式对外开放。

陆运主要发生在区域内运输或时效充足的情况下,2018 年以前,亚马逊的陆运物流主要依赖于 XPO Logistics 等物流公司。2019 年,亚马逊发布数字货运代理平台 Amazon Freight 招募运力,目前该平台经营着超过 5 万辆集装箱卡车。

在末端配送上,在与 UPS、美国邮政等合作的同时,亚马逊打造了自己的末端网络,该网络主要是外包形式,包括 DSP 和 Amazon Flex。2021 年,亚马逊已超越 FedEx,成为美国第三大包裹快递公司。

在科技方面,作为一家与苹果、谷歌相匹敌的科技公司,亚马逊是最早在物流领域引入高新技术的企业,无论是大数据应用分析,还是利用人工智能进行物流基础设施升级。据公开数据,亚马逊每年处理的 50 亿个包裹中,约 75% 由机器人在交付过程做部分处理。

得益于自营网络,物流服务体验快速提升,2019 年亚马逊将 Prime 会员两日送达服务标准变为一日达。对于第三方供应商的依赖性也逐步减小,现在平台上超过三分之二的包裹通过自己的物流 FBA 来运送。

(注:资料来源搜狐网《揭秘全球最大电商帝国亚马逊的物流网络》,有改动)

项目综合测评

一、单项选择题

1. 选用亚马逊平台配送服务的名称是什么？（　　）
   A. AFB B. FBI
   C. FBA D. ABI

2. FBA费用中哪项无须卖家支付？（　　）
   A. 库存费 B. 礼品包装费
   C. 订单处理费 D. 销毁费

二维码4-9 项目四任务二综合测评答案

3. 下列对FBA大标准尺寸规格说法正确的是（　　）。
   A. 最长边≤18英寸，中长边≤14英寸，最短边≤8英寸，重量≤20磅
   B. 最长边≤15英寸，中长边≤12英寸，最短边≤0.75英寸，重量≤12盎司
   C. 最长边≤18英寸，中长边≤14英寸，最短边≤8英寸，重量不受限
   D. 最长边≤15英寸，中长边≤12英寸，最短边≤0.75英寸，重量不受限

4. 一款产品的商品尺寸为10英寸×11英寸×1英寸，重量是11盎司，该产品属于哪一种FBA商品尺寸分段？（　　）
   A. 小号标准尺寸 B. 大号标准尺寸
   C. 小号大件 D. 中号大件

二、多项选择题

1. FBA头程选择海外仓中转，其优势有什么？（　　）
   A. 旺季提前发货，避开物流高峰
   B. 减少冗余库存
   C. 费用更少且透明
   D. 各取所长，享受FBA的推广和快速配送

2. FBA头程发货中，快递的特点有（　　）。
   A. 时效快 B. 价格贵
   C. 免预约 D. 免关税申报

3. FBA优势有哪些？（　　）
   A. 更周到的物流服务 B. 更好的客户服务
   C. 更好的用户体验 D. 更具时效性

4. FBA劣势有哪些？（　　）
   A. 费用更高 B. 有库存压力
   C. 退换货更多 D. 容易遭受差评

5. FBM包含哪些种类？（　　）
   A. 国内仓库直发 B. 海外仓
   C. 虚拟海外仓 D. FBA

三、判断题

1. FBA可以为消费者提供跨国配送服务。（　　）
2. 为了方便消费者，应该在产品链接的标题上注明本产品是FBA发货还是FBM发货。（　　）
3. 因为货物发往FBA仓库后就要承担高昂的仓储费成本，所以备货时应该尽可能少发货到FBA仓库。（　　）
4. 由于使用美国当地的海外仓可以降低仓储成本，所以卖家在备货时应该尽量考虑发货到海外仓而不是FBA仓库。（　　）
5. 只有使用FBA的产品才能获得Prime标志。（　　）
6. 卖家必须使用FBA来满足Prime会员的配送要求。（　　）
7. 平台准时到达（On-Time Delivery）指买家能在卖家承诺的预计配送日期之内收到包裹，平台要求准时到达指标＞95%。（　　）
8. 平台迟发率（Late Shipment Rate）是指卖家在承诺的时间内未安排配送的订单除以订单总数，计算公式为：迟发率＝迟发订单/订单总数×100%。平台要求该指标＜5%。（　　）
9. 平台有效追踪率（Valid Tracking Rate）是指卖家在发出包裹后，能有效追踪的订单数占总订单数的比例。平台要求该指标＞80%。（　　）
10. 平台配送前取消率（Pre-fulfillment Cancel Rate）是指在相关时间段内，卖家在确认发货之前，因为库存或其他原因，主动取消的买家的订单在所有订单中所占的比例，平台要求配送前取消率＜5%。（　　）
11. 平台退货不满意率（Return Dissatisfaction Rate）指买家在向卖家提出退货请求的前提下，卖家未在48小时内答复，或者拒绝买家的退货请求而收到的负面反馈在所有反馈中所占的百分比。它与订单缺陷率中的"差评"不是同一个概念，平台要求该指标＜10%。（　　）

四、实务操作题

1. 目标

熟悉FBA所涉及的各项费用；能计算不同类型产品的FBA费用；能在后台实训软件上创建发货计划；能正确打印并粘贴产品标签和箱子标签。

2. 工具

（1）FBA费用计算公式。

$$FBA费用＝配送费＋月仓储费＋入库清点放置服务费$$
$$配送费＝订单处理费＋分拣包装费＋称重处理费$$

（2）FBA尺寸与重量划分标准。

FBA的费用主要是根据产品包装的尺寸及重量来收取的，尺寸与重量划分标准如表4-21所示。

表 4-21　FBA 的尺寸与重量划分标准

产品尺寸	最长边（英寸）	中长边（英寸）	最短边（英寸）	长边+底面周长	重量
小号标准尺寸 大多数商品 （非危险品且非服装商品）	15	12	0.75	N/A	≤16 盎司
					>16 盎司，≤20 磅
大号标准尺寸 服装	18	14	8	N/A	≤16 盎司
					>16 盎司，≤20 磅
小号大件	60	30	N/A	130	≤70 磅
中号大件	108	N/A	N/A	130	>70 磅，≤150 磅
大号大件	108	N/A	N/A	165	>70 磅，≤150 磅 （超出首重 90 磅）
特殊大件	>108	N/A	N/A	>165	>150 磅 （超出首重 90 磅）

（3）2023 年 2 月 16 日起执行的 FBA 物流配送费用标准（节选，见表 4-22）。

表 4-22　2023 年 2 月 16 日起执行的 FBA 物流配送费用标准

商品类型	大件商品分段		
	尺寸分段	发货重量	配送费用
非危险品 （服装和非服装）	小号大件	不超过 70 磅	9.73 美元+0.42 美元/磅（超出首重 1 磅的部分）
	中号大件	不超过 150 磅	19.05 美元+0.42 美元/磅（超出首重 1 磅的部分）
	大号大件	不超过 150 磅	89.98 美元+0.83 美元/磅（超出首重 90 磅的部分）
	特殊大件	超过 150 磅	158.49 美元+0.83 美元/磅（超出首重 90 磅的部分）
危险品 （服装和非服装）	小号大件	不超过 70 磅	10.48 美元+0.42 美元/磅（超出首重 1 磅的部分）
	中号大件	不超过 150 磅	19.92 美元+0.42 美元/磅（超出首重 1 磅的部分）
	大号大件	不超过 150 磅	101.91 美元+0.83 美元/磅（超出首重 90 磅的部分）
	特殊大件	超过 150 磅	179.28 美元+0.83 美元/磅（超出首重 90 磅的部分）

3. 操作任务

(1) 某吊床（见图 4-24）的包装尺寸是 63.0 英寸×11.6 英寸×6.3 英寸，围度+长度为 98.8 英寸，商品重量为 46.6 磅，出库配送重量为 48 磅，请计算其 FBA 配送费。

(2) 某健身器产品（见图 4-25）尺寸为 50.3 英寸×30.0 英寸×15.0 英寸，包装重量为 147 磅，请计算其 FBA 配送费。

图 4-24 吊床　　　　　　　图 4-25 健身器

(3) 计算玩具小屋（见图 4-26）的 1—9 月 FBA 每月月仓库费，尺寸为 51.6 英寸×35.6 英寸×19.0 英寸，围度+长度为 166.8 英寸（周长+长度），商品重量为 53.5 磅（计算依据参见表 3-18、表 3-19、表 3-20 和表 3-21）。

(4) 计算以下浴巾套装（见图 4-27）10—12 月的 FBA 每月月仓库费，尺寸为 35 cm×25 cm×8 cm，包装重量为 0.63 kg（计算依据参见表 3-18、表 3-19、表 3-20 和表 3-21）。

图 4-26 玩具屋　　　　　　图 4-27 浴巾套装

项目五 [了解跨境电商运输]

Project
Five

任务一　学习跨境海运管理

任务二　学习跨境空运管理

任务三　了解中欧班列

项目导航

本项目将深入探索跨境电商运输管理的核心领域。

在任务一中,我们将解析跨境海运管理,探讨海运的基本概念与特点、海运的分类以及运输方式等。我们将探讨海运的特点与优势,如可以借助天然航道、运载量大等,并理解其如何影响跨境电商的物流效率和成本结构。同时,我们还将学习海运提单方式以及海运运费计算方式,以便更好地制定应对策略。

在任务二中,我们将聚焦跨境空运管理。空运以其快速、灵活的特点,成为跨境电商中不可或缺的一环。我们将详细介绍空运的概念与特点、运输方式以及出口货物航空运输程序等。我们将探讨空运的优势,如速度快、安全可靠等,并理解空运在跨境电商中的独特价值。

最后,在任务三中,我们将聚焦中欧班列这一特殊的跨境电商运输方式。中欧班列以其稳定、高效的运输服务,成为连接中国与欧洲的重要桥梁。我们将详细介绍中欧班列的概念与特点、运行线与时效以及运输的优劣势等,并探讨其如何促进中国与欧洲之间的贸易往来。

通过对本任务的学习,我们将全面掌握跨境电商运输的关键知识和技能,了解不同运输方式的特点和优势,并学习如何根据业务需求选择合适的运输方式,以更好地应对物流工作的挑战,提高业务竞争力。

项目导学

在项目五中，我们将进一步了解跨境电商运输的相关知识，并认识其在全球化贸易中的重要性。

首先，跨境海运管理在跨境电商运营中扮演着举足轻重的角色。海运作为跨境电商的主要运输方式之一，其稳定性和成本效益对于提高企业的国际竞争力至关重要。在全球跨境贸易日益频繁的背景下，掌握跨境海运管理知识不仅能在工作中确保商品的安全和及时到达，还能有效降低企业的运营成本。以我国的出口为例，众多企业通过海运将产品输送到世界各地，增强了中国制造的全球影响力。

其次，跨境空运管理在跨境电商运营中同样不可或缺。空运以其快速、灵活的特点，为跨境电商提供了高效的物流解决方案。在紧急补货、快速交付等场景下，空运成为首选。在任务二中，我们将详细介绍跨境空运管理的流程和要点，帮助你更好地掌握空运的运作机制，提升跨境电商的物流效率。

最后，任务三将聚焦中欧班列这一独特的跨境电商运输方式。中欧班列作为连接中国与欧洲的重要陆路通道，为跨境电商提供了稳定、高效的物流通道。通过中欧班列，中国的商品可以更快速地进入欧洲市场，同时欧洲的优质商品也能更便捷地进入中国市场，实现互利共赢。在任务三中，我们将深入解析中欧班列的优势和潜力，探讨其在跨境电商中的应用前景。

任务一　学习跨境海运管理

◆ 素养目标

1. 培养诚实、守信、合作、敬业等良好职业品质，在掌握基础知识和基本技能的同时形成正确的价值观。

2. 了解与国际海运相关的国际公约、法律法规和操作惯例，具备组织国际海运的综合职业素质。

◆ 知识目标

1. 了解海运的定义与优缺点。

2. 了解不同的海运单据。

3. 掌握海运运费计算方式。

◆ 技能目标

1. 能看懂海运单据。

2. 能根据海运数据计算运费。

3. 能区分跨境电商出口报关与传统外贸出口报关的不同之处。

一、海运的概念与特点

（一）海运的概念

海运是"国际海洋货物运输"的简称，指使用船舶通过海上航道在不同国家和地区的港口之间运送货物的一种方式。海运是国际贸易货物运输中使用最广泛，也是跨境物流最主要的运输方式，占国际贸易总运量的三分之二以上。

（二）海运的特点

1. 可以借助天然航道

海运可以借助天然航道进行，不受道路、轨道的限制，通过能力更强。海运可以根据国际政治环境、经贸环境以及自然条件的变化，随时调整和改变航线完成运输任务。

2. 载运量大

随着国际航运业的发展，现代化造船技术日益精湛，船舶日趋大型化，超巨型油轮已达 60 多万吨，第六代集装箱船的载箱能力已超过 8000TEU（Twenty Feet Equivalent Unit，中文意思是"相当于 20 英尺单位的集装箱"，也称国际标准箱单位）。

3. 运费低廉

海运航道大多是天然形成的，港口设施一般为政府所建，经营海运业务的公司可以节省用于基础设施的投资。船舶运载量大、使用时间长、运输里程远、单位运输成本较低，为低值大宗货物的运输提供了有利条件。

4. 运输的国际性

海运一般都是国际货物贸易运输，主体包括不同的国家和地区的个人或组织。海运既受国际公约和国际法的约束，也受到各国国内政治、经济、法律等的影响。

5. 速度慢、风险大

海运是各种运输方式里速度较慢的。海运受自然条件的影响比较大，比如遇见大型台风、海啸，运输船甚至有被卷入海底的风险，还有可能遭遇海盗侵袭、战乱袭击等，因此风险比较大。

二维码 5-1　国际海洋运输所涉及的基本当事人

二、海运输航线的分类

国际海洋运输航线，是指船舶根据不同的自然条件以及社会、政治、经济和军事等因素，为达到经济利益最大化所选定的营运航路。海上货物运输航线按照不同的依据有以下三种分类方式。

（一）按船舶营运方式分为定期航线和不定期航线

1. 定期航线

定期航线又称班轮航线，是指使用固定的船舶，按固定的船期和挂靠港口航行，并以相对固定的运价经营客货运输业务的航线，主要装运件杂货物。

2. 不定期航线

不定期航线指临时根据货运的需要而选择的航线，其中船舶、船期、挂靠港口均不固定，以经营大宗、低价货物运输业务为主。

（二）按航程的远近分为远洋航线、近洋航线和沿海航线

1. 远洋航线

远洋航线指航程距离较远，船舶航行跨越大洋的运输航线，如远东至欧洲和美洲的航线。我国习惯上以亚丁港为界，把去往亚丁港以西，包括红海两岸和欧洲及南北美洲广大地区的航线划为远洋航线。

2. 近洋航线

近洋航线指本国各港口至邻近国家港口间的海上运输航线。我国习惯上把去往亚丁港以东地区的亚洲和大洋洲的航线称为近洋航线

3. 沿海航线

沿海航线指本国沿海各港之间的海上运输航线。如我国上海—广州、青岛—大连等。

（三）按航行的范围分为太平洋航线、大西洋航线、印度洋航线和环球航线

1. 太平洋航线

太平洋航线包括远东至北美西海岸航线，远东至加勒比、北美东海岸航线，远东至南美西海岸航线，远东至东南亚航线，远东至澳大利亚、新西兰航线，澳、新至北美东西海岸航线等。

2. 大西洋航线

大西洋航线包括西北欧至北美东海岸航线，西北欧、北美东海岸至加勒比航线，西北欧、北美东海岸至地中海经苏伊士运河到亚太航线，西北欧、地中海至南美东岸航线，西北欧、北美东海经好望角到远东航线，南美东海经好望角到远东航线。

3. 印度洋航线

印度洋航线包括波斯湾经好望角到西欧及北美航线，波斯湾经东南亚到日本航线，波斯湾经苏伊士运河和地中海到西欧及北美航线，远东经东南亚到东非航线，远东经东南亚及地中海到西北欧航线等。

4. 环球航线

环球航线是大西洋航线、太平洋航线和印度洋航线通过苏伊士（或好望角）、巴拿马运河（或麦哲伦海峡、合恩角）和马六甲海峡（或巽他海峡）连接起来形成的绕全球航行的航线。

三、海运的方式

目前，在国际贸易运输中，海洋运输方式有班轮运输和租船运输两种。跨境电商通常是小批量的线上国际贸易，而小批量的国际货物运输会更多地选择班轮运输方式。

1. 班轮运输的概念

班轮运输又称期船运输，是指从事客货运输业务的船舶按固定的航线、挂靠港口及事先公布的船期表航行，并按事先公布的费率收取运费。利用班轮运输装运货物，装卸时间、数量及卸货地点等方面都十分灵活，对于成交数量小、批次较多、交货港口分散的货物运输比较适宜。

2. 班轮运输的特点

班轮运输主要有以下四个方面的特点。

（1）船舶按照固定的船期表，沿着固定的航线、固定的挂靠港口来往运输，并按相对固定的运费率收取运费，因此它具有"四个固定"的基本特点。

（2）由船方负责配载装卸，装卸费包括在运费中，发货方不再另外支付装卸费，船货双方也不计算滞期费和速遣费。

（3）船货双方的权利、义务与责任豁免的相关细节，以船方签发的提单条款为依据。

（4）班轮承运货物的品种、数量比较灵活，货运质量较有保证，且一般在码头仓库交接货物，为货主提供了较便利的条件。

班轮运输在国际贸易运输中发挥着重要的作用，但由于国际班轮运输行业竞争激烈，为了规范内部竞争并共同对抗外部竞争，国际上成立了班轮公会组织。班轮公会，又称航运公会，是由两家以上在同一航线上经营班轮运输的班轮公司共同组建而成的国际航运组织，旨在维护共同利益，避免相互间的恶性竞争，并为此制定了统一的运价和统一的办法制度，它是国际航运竞争激化的产物。班轮公会的会员可分为两种：一种是公会控制的全部航线的全会员；另一种是公会控制的部分航线的副会员。班轮公会为维持其地位，有时会排挤非公会会员的班轮公司，如降低运价以大量揽货；对货主则采取延期回扣和双重费率制度。公会通过采取这些手段，可以控制货载以获取高额利润。

班轮船舶应具有良好的技术质量，配备合格的船长、船员及船舶航运所需的供给品，且各班轮公司有着严格的管理制度，保证了货物运输的质量；班轮运输的"四个固定"特点，为进出口商家订立买卖合同中的交货条款、掌握交接货时间、安排货物的运输提供了必要的依据；班轮船舶承运货物的品种、数量比较灵活，适用于零星成交、批次较多、到港分散的货物的运输；班轮船舶负责办理货物的装卸及中途转运，且定期公布船期表，为货主提供了极大的方便。基于以上优势，班轮运输深受货主的欢迎，成为海运中不可缺少的主要运输方式。

3. 租船运输

租船运输又称不定期船运输。它与班轮运输不同，租船运输没有固定的航线、挂靠港口、船期和运价。租船运输是一种商业行为，船舶所有人（船东）为了收取报酬，按照双方签订的租船合同规定的条件，把船租给需要用船的人（租船人或称承租人）使用，按贸易需求安排船期、航线和挂靠

二维码 5-2　租船运输

港口，以完成特定的货运任务。在租船条件下，船舶所有权没有转移，只有使用权的转移，因此租船运输是一种无形贸易。租船运输通常适用于大宗货物的运输。

四、海运提单

（一）海运提单的性质

海运提单（Bill of Lading，B/L），简称提单，是对外贸易中运输部门承运货物时给发货人签发的一种凭证，具有以下性质。

（1）提单必须由承运人、船长或其代理办理，办理签发手续时应表明签发人身份。

（2）提单作为重要的单证，不仅可以证明海上运输合同的成立，还可以证明承运人已接管货物或已将货物装船。同时，它作为承运人的一项承诺，确保货物将被运至目的地并交付。

（3）提单也是一种货物所有权凭证，承运人可以据此交付货物；提单持有人可据此提取货物，也可凭提单向银行押汇，还可据此在载货船舶到达目的港交货之前进行转让。

（4）提单内容由正面事实记载和背面条款两部分组成，各轮船公司所制定的提单的主要内容大致相同。

（二）提单的种类

1. 根据提单的签发人分类

从提单签发人的角度看，海运提单通常分为以下两种。

（1） MBL（Master Bill of Lading），业界称为主提单或海单，是船公司签发的提单。

（2） HBL（House Bill of Lading），业界称为货代单，指的是从事国际货物运输但又不拥有船舶的运输公司（即无船承运人或货运代理）签发的提单。特别是在涉及美国、加拿大等航线的国际贸易中，以及当国外客户指定货运代理或处理小货量拼箱运单时，HBL 的使用比较多。

2. 根据提单的收货人分类

从提单收货人的角度看，海运提单分为以下三种。

（1）记名提单（Straight B/L）。记名提单是指在"收货人"一栏内填上指定收货人的具体名称的提单。我国《海商法》规定记名提单不得转让。也就是说，只能由所指定的收货人提取货物。

记名提单在国际海运贸易中的使用并不广泛，一般只用于运送个人物品、展览品。

在许多国家，记名提单的收货人不凭提单就可以提货，因此提单实际上已经失去了对货权的控制力。在进行信用证结算时，开证行一般不愿意接受记名提单，并规定信用证要使用有"to the order"这样的空白抬头的提单，以控制和掌握货权。

（2）不记名提单（Open B/L、Blank B/L、Bearer B/L），不记名提单是指在"收货人"一栏内记明向提单持有人交付的货物或在提单"收货人"一栏内不填写任何内容的提单。不记名提单无须背书即可转让。也就是说，不记名提单由出让人将提单交付给受让人即可转让，谁持有提单谁就有权提货，提单上在收货人一栏注明的是"to the order"。

（3）指示提单。指示提单是指按提单载明的指示人的指示交付货物的提单，是当前国际贸易中常用的提单。包括以下三种指示。其一，凭银行指示。即在提单收货人栏填写"to the order of ×× Bank"。其二，凭收货人指示。即在提单收货人栏填写"to the order of ××"。其

二维码 5-3　提单的种类

三，凭发货人指示。即在提单收货人栏填写"to the order of shipper"，并由托运人在提单背面做成空白背书。这种提单亦可根据信用证的规定做成记名背书，托收人也可不进行背书，在这种情况下则只有托运人可以提货，即卖方保留货物所有权。

[提示贴]

实践中关于提单的一些注意事项

（1）提单通常有3正3副，也有2正3副。假如信用证有要求的话，要向货代特别说明。

（2）信用证与提单有关的不符点：如果合同规定用信用证付款，按照《跟单信用证统一惯例 UCP600》第23条第1款的规定，海运提单必须在表面注明承运人的名称，并由承运人或作为承运人的具名代理人或者代表签字或者以其他方式证实，或者由船长或作为船长的具名代理人或者代表签字或者以其他方式证实。提单的收货人和通知人必须严格按照信用证填写。

（3）提单必须由承运人、船长或其代理人办理，办理签发时应表明签发人身份。

（4）当备运装船提单上加盖"已装船"同时注明装船时间后，才能转变为已装船提单。

（5）提单不能有不清洁批注。

五、海运费用的计算

（一）集装箱运费计算

1. 集装箱规格

国际标准化组织为统一集装箱的规格，推荐了3个系列、13种规格的集装箱，我国在贸易中最常使用的是规格为20英尺和40英尺的集装箱。为了便于计算，国际上均以20英尺的集装箱作为国际计量单位，以 TEU 来表示。FEU（Forty-foot Equivalent Unit），是以长40英尺为国际计量单位的集装箱。在统计不同型号的集装箱时，需要先将集装箱的长度换算成20英尺单位（TEU）再加以计算。20英尺集装箱的载货重量为17500千克，有效容积为25立方米；40英尺集装箱的载货重量为24500千克，有效容积为55立方米。

2. 集装箱交接方式

集装箱运输的货物有整箱货（Full Container Load，简称FCL）和拼箱货（Less Container Load，LCL）两种装箱方式。整箱货是指达到一个集装箱容积的75%或集装箱负荷重量的95%的一批货物。整箱货可由货方在工厂或仓库将货物装箱后直接运达并交给集装箱堆场（Container Yard，CY），到达目的地后，送至目的地堆场由收货人提取。拼箱货是指不足一个集装箱容积的75%或集装箱负荷重量的95%，需要两批或两批以上同装一箱的货物。拼箱货须先送至集装箱货运站（Container Freight Station，CFS），由承运人把不同货主的货物按性质和流向进行拼装，货到目的地后，送至货运站，由承运人拆箱分拨交给各收货人。

常见的集装箱货物的交接方式有四种。

1) FCL/FCL（整装整拆）

货主在工厂或仓库把装满货后的整箱交给承运人，收货人在目的地以整箱接货。换言之，承运人以整箱单位负责交接。货物的装箱和拆箱均由货方负责。这种交接方式效果最好，且最能发挥集装箱的优越性。

2) FCL/LCL（整装拼拆）

货主在工厂或仓库把装满货后的整箱交给承运人，承运人负责在目的地的集装箱货运站或内陆转运站拆箱，并将货物分别交给一个以上的收货人，各收货人凭单接货。

3) LCL/FCL（拼装整拆）

货主将不足整箱的小票托运货物在集装箱货运站或内陆转运站交给承运人，由承运人分类调整，把同一收货人的货集中拼装成整箱，运到目的地后，承运人以整箱交货，收货人以整箱接货。

4) LCL/LCL（拼装拼拆）

货主将不足整箱的小票托运货物在集装箱货运站或内陆转运站交给承运人，由承运人负责拼箱和装箱，并运到目的地货站或内陆转运站，承运人负责拆箱，并将货物分别交给一个以上的收货人，各收货人凭单接货。货物的装箱和拆箱均由承运人负责。

3. 集装箱运费计算

集装箱运输的费用包括内陆或装运港市内运输费、拼箱服务费、堆场服务费、海运运费、集装箱及其设备使用费等。对于整箱货的运输，以一个集装箱为计费单位，按包箱费率来计算运费；而拼箱货的运费则以运费吨为计算单位，且除按传统的件杂货等级收取基本运费外，还要收取一定的附加费。

（二）班轮运费的计算

1. 班轮运价表

班轮运价表也称为班轮费率表，是根据不同航线、不同商品而确立的计费标准和计费方法，是班轮公司收取运费、货方支付运费的计算依据。

1) 班轮运价表的种类

班轮运价表可以根据不同的标准进行分类。

(1) 根据运价表的制定者来划分，可以分为4种。

① 航运公会运价表，由航运公会制定并进行实时调整和修改，供加入公会的班

轮公司使用，货方按其规定付费。这种运价表的定价比较高，承运条件也有利于船方，是一种垄断性运价表。

② 班轮公司运价表，由没有参加航运公会的班轮公司自己制定，并负责调整和修改，货方可提出意见，但解释权、决定权在船方。

③ 货船双方运价表，由船货双方根据货载航运的实际情况，协商制定、共同遵守执行。对运价表的调整、修改须经船货双方协商决定。

④ 货方运价表，由货方制定，船方接受并使用。能制定运价表的货方一般是运营规模较大的货主，并能保证常年有稳定的货源供应。这种运价表对货方十分有利。

（2）根据运价表的形式来划分，可分为两种。

① 等级运价表，即将全部商品（主要是杂货）分为若干个等级，每个等级有一个基本运费率，商品被规定为几级，就按相应等级的运费率计算运费。一般将货物划分为20个等级，第1级商品的运费率最低，第20级商品的运费率最高。

② 商品费率表，又称单项费率运价表，即将每项商品及其基本费率逐个列出，每个商品有各自的费率，只要查到商品名称即可知道该商品的费率，使用比较方便。

2) 班轮运价表的内容

班轮运价表的内容主要包含以下五个方面。

（1）说明及有关规定。包括运价表的适用范围、计价币别、计价单位及其他有关规定。

（2）货物分级表。列明各类进出口货物所属的运价等级、计费标准等。

（3）航线费率表。列明不同航线、不同等级货物的基本运费率。

（4）附加费率表。附加费的计算方法主要有二。一是基于百分比的增加法，即在基本费率的基础上按一定的比例增加费用；二是绝对数增加法，即每运费吨增加若干金额，可以与基本费率直接相加计算。

（5）冷藏货费率表及活牲畜费率表。列出各种冷藏货物和活牲畜的计费标准及费率。

2. 班轮运价

班轮运费是承运人因承运货物而收取的报酬，其计算运费的单价（或费率）称为班轮运价。

1) 班轮运价的特点

班轮运价包括单位货物从起运港到目的港的运输费用及货物在起运港和目的港的装卸费用，由基本费率和各种附加费所构成，一般是以运价表的形式公布，比较固定，且具有垄断性质。

2) 班轮运价的计算标准

常规的计算标准有以下八种。

（1）按货物的毛重计收，亦称重量吨，在运价表中，以"W"字母表示。一般以吨为计算单位，吨以下取两位小数，但也有按长吨或短吨计算的。

（2）按货物的体积计收，亦称尺码吨，在运价表中以"M"字母表示，1尺码吨以 1 立方米或 40 立方英尺为 1 个计算单位。

（3）按货物的毛重或体积计收，计收时取其较高者，在运价表中以 W/M 字母表示。货物的重量吨或尺码吨统称为运费吨，按惯例，凡 1 重量吨货物体积超过 1 立方米或 40 立方英尺者按体积收费，1 重量吨货物体积不足 1 立方米或 40 立方英尺者按毛重计收。

（4）按货物的价格计收，又称从价运费，在运价表中以"ad val"（ad valorem）表示，一般按商品 FOB 货价的一定比例计算运费。按从价计算运费的，一般都属于高价值货物。

（5）按货物重量、体积、价值三者中最高的一种计收，在运价表中以"W/M or ad val"表示。也有按货物重量或体积计收，再加收一定比例的从价运费，在运价表中以"W/M plus ad val"表示。

（6）按货物的件数计收，如卡车按辆计费，牛、羊按头计费。

（7）货主和船公司临时议价。这种方法通常是在承运粮食、豆类、煤炭、矿砂等运量较大、货价较低、装卸容易且速度快的农副产品和矿产品时采用。一般情况下，议价运费比按货物等级计算的运费低。

（8）起码费率。按每张提单上所列的货物重量或体积所计算出的运费，在尚未达到运价表中规定的最低运费额时，则按最低运费计收。

应当注意的是，如果不同商品混装在同一包装箱内，则全部运费按其中较高者计收，同一批商品如包装不同，其计费标准及等级也不同。托运人应该按照不同包装分列毛重及体积，分别计收运费，否则全部货物均按较高者收取运费。同一提单如有两种或两种以上不同货名，托运人应分别列出不同货名的毛重或体积，否则全部将按较高者收取运费。

3）班轮运价的构成

班轮运价由基本费率和多种附加费构成。基本费率即班轮航线内基本港之间对每种货物规定的必须收取的费率，包括各航线的等级费率、从价费率、冷藏费率、活牲畜费率及议价费率等。附加费是对一些需要特殊处理的货物或由于客观情况的变化使得运输费用大幅度增加，班轮公司为弥补损失而额外加收的费用。附加费的种类很多，而且会随着客观情况的变化而变化。以下为几种常见的附加费。

（1）超重附加费：由于单件货物重量超过一定限度而加收的附加费。

（2）超长附加费：由于单件货物的长度超过一定限度而加收的附加费。

（3）燃油附加费：由于燃油价格上涨而加收的费用，是一项主要的附加费，几乎所有的航线都有这种附加费。

（4）港口附加费：由于一些港口的配套设施差，货物的装卸效率低、费用高导致船舶成本增加而加收的附加费。

（5）港口拥挤附加费：由于港口拥挤，船舶需长时间等泊导致船期损失而收取的附加费。该项附加费随港口拥挤程度的变化而调整。如果港口及时恢复正常，该项附加费即可取消，所以变动性很大。

（6）货币贬值附加费：指为弥补因收取运费的货币贬值造成的经济损失而收取的费用。这项费用一般随货币贬值幅度按基本费率的百分比收取。

（7）绕航附加费：由于某种原因，船舶不能按原定航线而必须绕道航行，从而增加航运开支，为此加收的附加费称绕航附加费。这是一种临时性的附加费，当航线恢复正常，该项费用即取消。

（8）转船附加费：对运往非基本港的货物，需在中途港转运至目的港，为此而加收的附加费称转船附加费。

（9）直航附加费：班轮公司将达到规定数量的货物直接运抵非基本港卸货而加收的附加费。

（10）选卸港附加费：由于贸易方面的原因，货方在办理货物托运时尚不能确定具体卸货港，需要在预先选定的两个或两个以上的卸货港中进行选择，为此而加收的费用称选卸港附加费。货方必须在该航次中船舶到达第一卸货港 48 小时前告知船方最终的选择。

班轮附加费名目繁多，除上述各项附加费外，还有变更装卸货港附加费、洗舱费、熏蒸费、冰冻附加费等。

海运费报价可以上 5688 官方网站（见图 5-1）查询。

图 5-1　5688 官网

4）班轮运费的计算步骤

轮班运费的计算主要有以下五个步骤。

第一步：查《汉英中国出口商品词典》，找出该海运货物的准确英译名称。

第二步：查货物分级表，找出该货物的计费标准和所属等级。

第三步：查所属航线的等级费率表，找出该等级货物的基本运费率。

第四步：查附加费率表，找出该货物的附加费率。

第五步：按以下公式计算总运费。

$$F = F_b + \sum S$$

公式中 F 表示运费总额，F_b 表示基本运费，S 表示某项附加费。基本运费是所运货物的数量（重量或体积）与规定的基本费率的乘积。即：

$$F_b = f \times Q$$

在公式中，f 表示基本费率，Q 表示货运量（运费吨）。

附加费是指各项附加费的总和。在多数情况下，附加费按基本运费的一定百分比计算，其公式为：

$$\sum S = (S_1 + S_2 + \cdots + S_n) \times F_b$$
$$= (S_1 + S_2 + \cdots + S_n) \times f \times Q$$

其中 S_1、S_2、S_3、S_n 为各项附加费，用 F_b 的百分数表示。

二维码 5-4
海运费计算案例

任务描述

◆ 任务情境

进出口商品能否安全到达目的地，是每个跨境电商都十分关注的问题。按时、按质、按量将货物装运出口，安全、准确地利用各种运输工具，选择适当的运输方式和路线，实现货物由卖方向买方的国际转移，是跨境电商追求的目标。某网络科技有限公司的小李实习一段时间后，深知在国际货物运输中，高额的运输成本已经成为影响进出口货物价格和贸易效益的重要因素，跨境货物运输降本增效是一笔交易能否顺利完成、能否有盈利的关键。

◆ 任务要求

运输单据是证明货物已经装运或发运，货已由承运人接收、监管的单据。运输单据反映了与货运有关的各当事人之间的契约关系。运输单据是卖方证明已履行交货责任的主要依据，也是出口商（托运人）向银行进行议付和买方支付货款的主要依据之一。运输单据包括海运提单、铁路运单、承运货物收据、航空运单、邮政收据和联运单据等。某网络科技有限公司的小李意识到运输单据是国际货物运输的"灵魂"，各种运输单据对国际货物运输具有十分重要的意义。

任务实施

货方向班轮公司订舱位（箱位）之前要了解船期情况，然后再洽谈订舱位的细节，具体流程如下。

[步骤1]

出口企业即货主在货、证齐备后，填制货运订舱委托书（见表5-1），随附商业发票、装箱单等其他必要单据,委托货代代为订舱,还可以委托其代理报关、货物储运等事宜。

表 5-1 货运订舱委托书

经营单位 (托运人)				编号	
提单项目 要求	发货人(Shipper):				
	收货人(Consignee):				
	通知人(Notify Party):				
海运费( ) (Sea freight)	预付( ) 或( )到付 (Prepaid or Collect)		提单份数	提单寄送 地址	
起运港		目的港	可否 转船		可否 分批
集装箱 预配数		20英尺× 40英尺×	装运 期限	有效 期限	
标记唛码	包装件数	中英文货号 (Description of Goods)	毛重 (公斤)	尺码 (立方米)	成交条件(总价)
内装箱 (CFS)地址		特种货物 冷藏货 危险品		重件:每件重量	
			大件 (长×宽×高)		
门对门装箱地址		特种集装箱:( )			
		物资备妥日期			
外币结算账号		物资进栈:自送( )或派送( )			
		人民币结算 单位账号			
		托运人签章			
		电话			
		传真			
		联系人			
		地址			
		制单日期:			

[步骤 2]

货代接受订舱委托后,缮制集装箱货物托运单(见表 5-2),随同商业发票、装箱单及其他必要的单证一同向船公司办理订舱。

表 5-2 集装箱货物托运单

Shipper(发货人)	
Consignee(受货人)	D/R NO(编号)
Notify Party(通知人)	
Pre-carriage by(前程运输) Place of Receipt(收货地点)	集装箱货物托运单 货主留底
Ocean Vessel(船名) Voy No(航次) Port of Loading(装货港)	

Port of Discharge(卸货港)	Place of Delivery(交货地点)	Final Destination(目的地)

Container No (集装箱号)	Seal No (封志号) Marks & Nos. (标记与号码)	No. of Containers or P' kgs. (箱数或件数)	Kind of Packages; Description of Goods (包装种类与货名)	Gross Weight (毛重/千克)	Measurement (尺码/立方米)

TOTAL NUMBER OF CONTAINERS OR PACKAGES(IN WORDS)集装箱数或件数合计(大写)	

FREIGHT & CHARGES (运费与附加费)	Revenue Tons (运费吨)	Rate (运费率)	Per (每)	Prepaid (运费预付)	Collect (到付)

Ex Rate (兑换率)	Prepaid at (预付地点)	Payable at (到付地点)	Place of Issue (签发地点)
	Total Prepaid (预付总额)	No. Of Original B(S)/L (正本提单份数)	
Service Type on receiving □-CY □-CFS □-DOOR	Service Type on Delivery □-CY □-CFS □-DOOR	Reefer-Temperature Required (冷藏温度) F C	

续表

TYPE OF GOODS（种类）	☐ Ordinary（普通）， ☐ Reefer（冷藏）， ☐ Dangerous（危险品）， ☐ Auto（裸装车辆）.	危险品	Class： Property： IMDG Code Page： UN No.
	☐ Liquid（液体）， ☐ Live animal（活动物）， ☐ Bulk（散货）		
可否转船	可否分批		
装期	效期		
金额			
制单日期			

[步骤3]

船公司根据具体情况决定是否接受订舱，如接受订舱则在托运单的几联单据上填写与提单号码一致的编号，填上船名、航次，并进行签署，即表示已确认托运人的订舱，同时把配舱回单、装货单（Shipping Order，S/O）等与托运人有关的单据退还托运人。

[步骤4]

托运人持船公司签署 S/O，填制出口货物报关单、商业发票、装箱单等，并持有关的出口单证向海关办理货物出口报关手续。

[步骤5]

海关根据有关规定对出口货物进行查验，如同意出口，则在 S/O 上盖放行章，并将 S/O 退还托运人。

[步骤6]

托运人持海关盖章及由船公司签署的 S/O 要求船长装货。

[步骤7]

装货后，由船上的大副签署 M/R（Mate's Receipt，大副收据），交给托运人。

[步骤8]

托运人持 M/R，向船公司换取正本已装船提单。

[步骤 9]

船公司凭 M/R，签发正本提单并交给托运人，托运人可凭以结汇。

上述托运订舱流程，如图 5-2 所示。

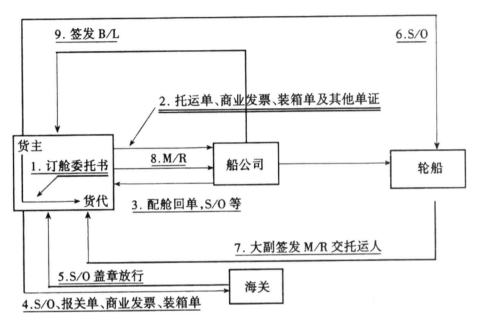

图 5-2 托运订舱流程

在货物装船后，托运人应及时向国外收货人发出"装船通知"（Shipping Advice），以便对方准备付款资金、赎单、办理进口报关和接货手续。如果 CFR、FOB 合同规定由买方自办保险，则应及时向买方发出装运通知。装船通知的内容一般有订单或合同号、信用证号、货物明细、装运港、装运期限、船名、航次、预计的开航日期或预计的到达日期等。出口公司往往会用商业发票改制成装船通知。

[步骤 10]

了解跨境电商出口报关与传统外贸出口报关要求的不同之处（见表 5-3），并掌握出口货物的关税计算方法。

表 5-3 跨境电商不同模式的出口报关要求

	跨境电商 B2B 出口（9710、9810）	一般贸易出口（0110）	跨境电商 B2C 出口（9610）
企业要求	参与企业均须办理注册登记，并进行出口海外仓备案	企业须注册登记	电商、物流企业须办理信息登记 办理报关业务的企业须办理注册登记

续表

	跨境电商 B2B 出口 （9710、9810）	一般贸易出口 （0110）	跨境电商 B2C 出口 （9610）
随附单证	9710：订单、物流单（低值） 9810：订仓单、物流单（低值） （报关时委托书第一次提供）	委托书、合同、发票、提单、装箱单等	订单、物流单、收款信息
通关系统	H2018 系统单票在 5000 元人民币以内，且不涉证、不涉税、不涉检的，可通过跨境电商出口统一版通关系统以申报清单的方式进行通关，申报要素比报关单少 57 项，清单中无须汇总报关单，让中小微出口企业申报更为便捷，通关成本进一步降低。	H2018 系统	跨境电商出口统一版通关系统
简化申报	在综试区所在地海关通过跨境电商出口统一版通关系统申报，符合条件的清单，可申请按 6 位 HS 编码简化申报		在综试区所在地海关通过跨境电商出口统一版通关系统申报，符合条件的清单，可申请按 4 位 HS 编码简化申报
物流	可适用转关或直接口岸出口，通过 H2018 系统申报的可适用全国通关一体化	直接口岸出口或全国通关一体化	可适用转关或直接口岸出口
查验	可优先安排查验		

出口货物的关税计算方法如下。

（1）计算公式。

$$出口关税税额 = 出口货物完税价格 \times 出口关税税率$$

其中：

$$出口货物完税价格 = FOB(中国境内口岸)/1 + 出口关税税率$$

即出口货物是以 FOB 价成交的，应以该价格扣除出口关税后作为完税价格。如果以其他价格成交，应换算成 FOB 价后再按上述公式计算，具体如下。

以 CIF 方式成交，出口关税计算公式为：

出口货物完税价格＝CIF －运费－保险费 /1 ＋出口关税税率

以 CFR 方式成交，出口关税计算公式为：

出口货物完税价格＝CFR －运费 /1 ＋出口关税税率

（2）计算程序。

① 按照归类原则确定货物的税则归类，将应税货物归入适当的税号。

② 根据审定完税价格的有关规定，确定应税货物 FOB 价格。

③ 根据汇率适用规定，将外币折算成人民币。

④ 按照计算公式正确计算应征出口关税税款。

任务评价

任务完成度评价表如表 5-4 所示。

表 5-4 任务完成度评价表

层级	评价内容	满分	得分	自我评价
1	了解国际海洋运输的概念和特点	20		
2	能够缮制货运订舱委托书和集装箱货物托运单	20		
3	掌握计算班轮运费的方法	20		
4	掌握计算集装箱运费的方法	20		
5	能区分跨境电商出口报关与传统外贸出口报关的不同之处，能计算出口货物的关税	20		

二维码 5-5　2023 年全球排名前十的海港

二维码 5-6　2023 年全球排名前十的船公司

项目综合测评

一、单项选择题

1. 下列各运输方式中，货运量最大的是（　　）运输。

A. 公路　　　　　　　　　　B. 管道

C. 水运	D. 铁路

2. 主提单是（　　）
A. SO	B. HB/L
C. MB/L	D. B/L

3. 轮船公司未做任何不良批注的提单是（　　）。
A. 不清洁提单	B. 清洁提单
C. 不记名提单	D. 已装船提单

4. 下列关于提单的说法错误的是（　　）。
A. 它是一种货物收据
B. 它是一种运输契约
C. 它是代表货物所有权的凭证
D. 它是承运人和托运人订立的运输契约证明

5. 在跨境贸易中不能流通转让的提单是（　　）。
A. 记名提单	B. 不清洁提单
C. 不记名提单	D. 指示提单

6. 目前，在实际业务中使用最多的提单是（　　）。
A. 记名提单	B. 不记名提单
C. 空白抬头、空白背书提单	D. 空白抬头、记名背书提单

7. 货物装船后，出口商换取正本提单的凭证是（　　）。
A. 装船提单	B. 轮机长收据
C. 大副收据	D. 运费收据

8. 运价表中注释"W/M"表明（　　）。
A. 运费按实际重量计收	B. 运费按体积或容积计收
C. 运费按重量或体积计收	D. 运费按商品价格计收

9. 如果卖方未按期装运货物，则买方的权利是（　　）。
A. 只能要求卖方赔偿损失	B. 只能撤销合同
C. 只能要求卖方马上装运	D. 撤销合同并要求卖方赔偿其损失

10. 班轮运输的运费应该包括（　　）。
A. 装卸费，不计滞期费、速遣费
B. 装卸费，应计滞期费、速遣费
C. 卸货费和应计滞期费，不计速遣费
D. 卸货费和速遣费，不计滞期费

11. （　　）的交接方式为整箱货的交接方式。
A. FCL/FCL	B. FCL/LCL
C. LCL/FCL	D. LCL/LCL

12. 承运人对集装箱装运的货物的责任期限是（　　）。
A. 装上船—卸下船	B. 船舷—船舷
C. 仓库—仓库	D. 接收货—交付货

二维码5-7　项目五任务一综合测评答案

13. 集装箱拼箱货通常的交接条款为（　　）。
A. CY　　　　　　　　　　B. CFS
C. Door　　　　　　　　　D. Hook
14. 班轮运输的集装箱整箱货运输情况下，通常的交接条款为（　　）。
A. CY　　　　　　　　　　B. CFS
C. Door　　　　　　　　　D. Hook
15. LCL/LCL 集装箱运输条款是指（　　）。
A. 一个发货人、一个收货人　　B. 多个发货人、多个收货人
C. 一个发货人、多个收货人　　D. 多个发货人、一个收货人

二、多项选择题

1. 海洋运输的优点包括（　　）。
   A. 借助天然航道　　　　　B. 载运量小
   C. 运费低廉　　　　　　　D. 运输的国际性
   E. 速度慢、风险大
2. 与租船运输相比，班轮运输的特点是（　　）。
   A. 定线、定港、定期和相对稳定的运费费率
   B. 通常由船方负责货物的装卸，运费中包括装卸费
   C. 船方与货主之间不规定装卸时间
   D. 船方与货主之间规定滞期、速遣条款
3. 提单是（　　）。
   A. 运输合同证明　　　　　B. 货物收据
   C. 交货凭证　　　　　　　D. 物权凭证
   E. 运输合同
4. 提货单的签发表明（　　）。
   A. 已交货完毕　　　　　　B. 发货人责任终止
   C. 收货人有权提货　　　　D. 承运人责任终止
5. 按提单是否有批注可分为（　　）。
   A. 清洁提单　　　　　　　B. 不记名提单
   C. 不清洁提单　　　　　　D. 指示提单
6. 海运提单有关当事人包括（　　）。
   A. 托运人　　　　　　　　B. 承运人
   C. 收货人　　　　　　　　D. 被通知人
7. 跨境电商 B2B 出口主要包括哪两种海关监管模式？（　　）
   A. 9710　　　　　　　　　B. 9810
   C. 9610　　　　　　　　　D. 1210

三、判断题

1. 海洋运输是各种运输工具里速度最快的。　　　　　　　　　　　　　　（　　）

2. MBL 俗称主提单或海单，是船公司所签发的提单。( )

3. 运输总成本的构成及多少与多种因素有关，其中影响最大的是集装箱交接方式与运输方式。( )

4. 在集装箱运输中，"TEU"和"FEU"在集装箱船的载箱量、港口集装箱吞吐量、允许装载的货物重量和体积等方面都按照 2 倍进行计算。( )

5. 拼箱货运输下，如承运人未按提单记载数量和状况交货，收货人即可向承运人提出赔偿要求。( )

6. 集装箱货物交接类型有两种，交接方式有九种。( )

7. 集装箱整箱货运输下，承运人只要在箱子外表状况良好、海关关封完整的情况下接货，交货时即使箱内货发生灭失或损害，承运人也不承担任何赔偿责任。( )

8. 拼箱货装箱时，不同形状、不同包装的货物应尽可能不装在一起。( )

9. 海运提单如有三份正本，则凭其中任何一份即可在卸货港向船公司或船代理提货。( )

10. 记名提单比不记名提单风险大，故很少使用。( )

11. 记名提单和指示提单同样可以背书转让。( )

12. 清洁提单是指不载有任何批注的提单。( )

13. 海运单虽然是一种不可转让的单证，但也必须由发货人转让给收货人，以便收货人以此为凭证要求承运人交付货物。( )

四、实务操作题

1. 某公司出口 100 箱商品到美国，每箱体积为 40 厘米×30 厘米×20 厘米，整批货物毛重为 30 千克，经查，该商品货物分级表规定的计算标准为 W/M，等级为 10 级，运费率为 22 美元，另外加收 10% 的港口附加费，该公司应付船公司运费为多少？

2. 用集装箱装运一批从青岛运往国外某港口的木箱包装的货物，木箱尺寸为 1 米×1 米×1 米，共有 40 立方米，总重为 35 吨，整箱运输，可以选用的箱型为 ISO 标箱中的 1AA 或者 1CC，查运价本得：USD1000/TEU，USD1800/FEU，问：

(1) 国际货运代理人为节省成本，应该如何选用集装箱？

(2) 支付多少运费？

3. 一批上海运往肯尼亚蒙巴萨港口的门锁，计 100 箱，每箱体积为 20 厘米×30 厘米×40 厘米，毛重为 25 千克。当时燃油附加费费率为 30%，蒙巴萨港口拥挤附加费率为 10%。门锁属于小五金类，计收标准是 W/M，等级为 10 级，基本运费为每运费吨 443.00 港元。请计算应付运费。

4. 某公司出口箱装货物一批，报价为每箱 50 美元 CFR 利物浦，英国商人要求改报 FOB 价。已知该批货物体积每箱长 45 厘米、宽 40 厘米、高 25 厘米，每箱毛重 35 千克，商品计费标准为 W/M，每运费吨基本运费率为 120 美元，须加收的燃油附加费费率为 20%，货币附加费率为 10%。出口商应报价多少？

5. 某托运人通过中远集装箱公司承运一批货物（2×20ft FCL），采用包箱费率，从黄埔港出口到勒哈佛尔（Le Havre）港。另有货币贬值附加费 10%，燃油附加费 5%。另外，查中国—欧洲集装箱费率表得知：从黄埔港到勒哈佛尔港，须经香港转船，运费为直达基础上加 USD150/20ft，从黄埔港出口直达费率为 USD1550/20ft，请计算运费。

任务二　学习跨境空运管理

任务目标

◆ **素养目标**

1. 培养诚实、守信、合作、敬业等良好职业品质，在掌握基础知识和基本技能的同时形成正确的价值观。

2. 了解与国际空运相关的国际公约、法律法规和操作惯例，具备组织国际空运的综合职业素质。

◆ **知识目标**

1. 了解空运的定义与优缺点。
2. 掌握空运运费计算方式。

◆ **技能目标**

1. 能根据空运数据计算运费。
2. 掌握空运出口流程。

 一、空运的概念与特点

（一）空运的概念

国际航空货物运输（International Airline Transport，以下简称空运）是指以航空器作为运输工具，承运人根据当事人订立的航空运输合同，无论运输有无间断或者有无转运，将货物运送至目的地并收取报酬或提供免费服务的运输方式的统称。其中，运输的出发地点、目的地点或者约定的经停地点之一不在中华人民共和国境内。

（二）空运的特点

空运虽然起步较晚，但发展异常迅速，受到现代企业管理者的青睐，原因之一就在于它具备许多其他运输方式所不能比拟的优越性。概括起来，空货运的主要特征有以下几点。

1. 运送速度快

一直以来，空运就以快速著称，当前，飞机仍然是最快捷的交通工具。空运的快捷性大大缩短了货物在途时间，对于那些易腐烂、变质的鲜活商品，时效性、季节性强的报刊，节令性商品，抢险、救急品的运输，这一特点显得尤为重要。可以这样说，快捷的工具加上全球密集的空运网络才让我们品尝到从前可望而不可即的异国他乡的鲜活商品，从而享受到更多的福利。空运速度快、在途时间短，也使货物在途风险降低，因此许多贵重物品、精密仪器通常也会采用空运。在竞争激烈的国际市场环境下，空运所提供的快速服务也使得供货商可以对国外市场瞬息万变的行情即刻做出反应，并迅速推出适销产品占领市场，以获得较好的经济效益。

2. 不受地面条件影响，深入内陆地区

空运利用天空这一自然通道，不受地面条件的限制，适合地理环境相对闭塞、交通不便的内陆地区，有利于当地资源的出口，促进当地经济的发展。空运对外辐射面广，且比公路运输与铁路运输占用土地少，对于想要发展对外交通的地域狭小的地区来说是十分适合的。

3. 安全、准确

得益于现代科技在飞行过程中的广泛应用，以及航空公司运输管理制度的日益完善，空运货物的破损率较低。采用空运集装箱的方式运送货物，则更为安全。

4. 节约利息、仓储、保险、包装等费用

空运速度快、货物在途时间短、资金周转速度快，企业存货可以相应地减少。这一方面有利于资金的回收，减少利息支出，另一方面也有利于降低企业仓储费用。同时，空运安全、准确，货损、货差少，因此保险费用较低。与其他运输方式相比，空运的包装简单，包装成本也更少。这些隐性成本的下降，使得企业的收益相应增加。

5. 局限性

空运的运输费用较其他运输方式高，不适合低价值货物；飞机的舱容有限，对大件货物或大批量货物的运输有一定的限制；飞机飞行安全容易受恶劣天气影响，等等。

二、空运的运输方式

空运的主要方式有以下几种。

（一）班机运输

班机运输（Scheduled Airline）是指在固定航线上飞行的航班，它有固定的始发站、途经站和目的站。一般航空公司都使用客货混合机型，载货舱容有限，难以满足大批量的货物运输要求。

（二）包机运输

包机运输（Chartered Carrier）分整包机与部分包机两种。前者由航空公司或包租代理公司按照事先约定的条件和费用将整机租给租机人，从一个或几个空站将货物运至指定目的地，它适合运送大批量的货物，运费不固定，一次一议，通常较班机运费低。后者由几家空运代理公司或发货人联合包租一架飞机，或者由包机公司把一架飞机的舱位分别租给几家空运代理公司，其运费虽较班机低，但运送的时间比班机长。办理包机至少需在发运前一个月与航空公司洽谈并签订协议，以便航空公司安排运力，并办理包机过境、入境、着陆等有关手续。如货主找空运代理办理包机，则应在货物发运前40天提出申请。

（三）集中托运

集中托运（Consolidation）是由空运代理将若干单独发货人的货物集中起来组成一整批货物，由其委托航空公司将货物托运到同一到站，货到国外后由到站地的空运代理人报关并分拨给各个实际收货人。集中托运的货物越多，支付的运费越低。因此，空运代理向发货人收取的运费要比发货人直接找航空公司托运低。

（四）陆空陆联运

陆空陆联运（Combined Transport）分三种：一是TAT（Train—Air—Truck），即火车—飞机—货车的联运；二是TA（Truck—Air），即货车—飞机的联运；三是TA（Train—Air），即火车—飞机的联运。

三、出口货物空运程序

（一）接受发货人的委托，预订舱位

航空公司在确定接受发货人的委托后，要从发货人处取得必要的出口单据，安排运输工具取货或通知发货人将货送到指定地点，并认真核对单证。

（二）申报海关及货物装运

（1）海关验收完货物，并在报关单上盖章收验后，发货人即可缮制航空运单。

（2）发货人持缮制完的航空运单到海关报关，申请放行。

（3）发货人将盖有海关放行章的运单与货物一齐交予航空公司，航空公司验收单货无误后在交接单上签字。

（4）航空公司将收货人提供的货物随行单据装订在运单后面，并将制作好的运单标签贴在每一件货物上。

（三）口岸外运公司与内地公司出口运输工作的衔接

（1）内地公司提前将要发运货物的品名、件数、毛重及时间要求告知口岸外运公司。

（2）内地公司按照规定的时间将货物运至规定的口岸；口岸外运公司安排专人承接内地公司运交的货物。

（3）口岸外运公司负责向航空公司订舱并通知内地公司；内地公司将航班号、运单号打在分运单上，并将分运单交给发货人办理结汇。

出口货物航空运输程序如图5-3所示。

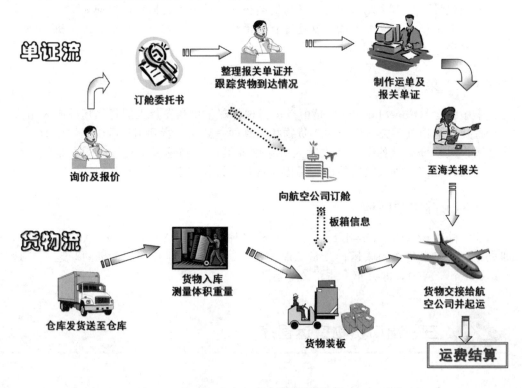

图 5-3　出口货物航空运输程序

四、空运的运价和运费

（一）计费标准

空运的运价是指从启运机场至目的机场的费用，不包括其他额外费用（如提货、仓储费等）。运价一般是按重量（公斤）或体积重量（6000立方厘米折合1公斤）计算的，计算时取其中数值较高者。空运货物的运价有一般货物运价、特种货物运价、货物的等级运价。

（二）计费重量

航空公司规定，货物体积小、重量大时，按实际重量计算；货物体积大、重量小时，按体积计算。在集中托运时，一批货物由几件不同的货物组成（有轻泡货，也有重货），其计费重量则采用整批货物的总毛重或总的体积计量，或按两者之中较高的一个计算。

（三）航空公司运价

航空承运人对规定的单位重量或体积的运输货物收取的费用称为运价。运价指机场与机场间（Airport to Airport）的空中费用，不包括承运人、代理人或机场收取的其他费用。

主要的航空货物运价有三类。

一是一般货物运价（General Cargo Rate，GCR），它以45公斤为划分点，45公斤以上的货物运费比45公斤以下的低。当货物不能适用特种货运价和货物的等级运价时，就应考虑选用此运价。

二是特种货物运价或指定商品运价（Special Cargo Rate/Specific Commodity Rate，SCR）。通常是承运人应托运人的请求，为在某一航线上经常运输某一类货物，或为提高某地区某一类货物的运输效率，经IATA（International Air Transport Association，国际航空运输协会）同意所提供的优惠运价。

三是等级货物运价（Class Cargo Rate，CCR）。适用于指定地区内部或地区之间运输的少数货物，通常表示为在普通货物运价的基础上增加或减少一定的百分比。

在计算运价时，只能选择其中一种运价。如遇两种运价均适合，应首先选用特种货物运价或指定商品运价，其次是等级货物运价，再次才是一般货物运价。

各种不同的航空运价和费用有下列共同点：运价是指从一机场到另一机场的费用，而且只适用于单一方向；运价不包括其他额外费用，如提货、报关、交接和仓储费用等；运价通常使用当地货币公布；运价一般按重量或体积重量计算；航空运单中的运价是按出具运单之日所适用的标准计算的。

（四）航空公司运费

根据适用运价标准计得的发货人或收货人应当支付的每批货物的航空运输费用称为运费。航空公司按国际航空运输协会所制定的三个区划费率收取国际航空运费。一区主要指南北美洲等，二区主要指欧洲、非洲等，三区主要指亚洲、大洋洲等。

二维码 5-8　国际航空运输协会制定的三个费率区划

起码运费是航空公司办理一批货物所能接受的最低运费，即不论货物的重量或体积大小，在两点之间运输一批货物应收取的最低金额。不同地区有不同的起码运费。

五、航空运单

航空运单是承运人或由其授权的代理人出具的货物单据，是航空运输中最重要的货物单据之一。它既是承运人承运货物的收据，又是发货人与承运人之间的运输契约，也可作为承运人核收运费的依据和海关查验放行的基本单据。但它不是货物所有权的凭证，不能通过背书转让。收货人提货不是凭航空运单，而是航空公司的到货通知单。

航空运单分为主运单和分运单两种。主运单由航空公司签发，分运单由空运代理公司签发，两者内容基本相同，法律效力也相同。航空运单包括三份正本、九份副本，三份正本具有同等法律效力，第一份交承运人，第二份交收货人，第三份交托运人办理议付或托收。

二维码 5-9　航空运费计算案例　　二维码 5-10　2023年全球排名前十的机场　　二维码 5-11　2023年全球排名前十的航空公司

项目综合测评

一、判断题

1. 托运人在航空货运单上签字，证明其接受航空货运单正本背面的运输条件和契约。（　　）

2. 航空货运代理签发分运单给托运人，表明航空货运代理是航空公司的代理人，代理航空公司安排航空运输事宜。（　　）

3. 航空货运代理公司的职能是作为航空公司的代理接收货物，出具航空公司的主运单和自己的分运单。（　　）

4. 飞机的飞行时速一般在每小时 800 千米到 900 千米，比其他交通工具快很多。（　　）

5. 航空集装箱（见图 5-4）不属于运输设备。（　　）

6. 每票货物是指使用同一份航空货运单的货物。（　　）

二维码 5-12　项目五任务二综合测评答案

图 5-4　航空集装箱

二、计算题

1. 计算下列一般货物运价（GCR）。

路线：上海虹桥 SHA—巴拉圭亚松森 ASU。

商品：工具。

毛重：280 kg。

尺寸：每票 10 箱，每个箱子的尺寸为 40 cm×40 cm×40 cm。

公布运价如表 5-5 所示。

表 5-5　运费表

城市	三字代码	M	N	45 kg	300 kg	500 kg
安曼	AMM	320 元	46.61 元	37.90 元		
亚松森	ASU	320 元	60.22 元	51.29 元	37.52 元	
安科纳	AOI	320 元	46.40 元			

2. 计算下列特种货物运价（SCR）。

路线：迪拜—爱丁堡。

商品：地毯。

毛重：共有 4 件，总计 430 kg。

尺寸：每票 4 件，箱子尺寸为 81 cm×72 cm×63 cm。

公布运价如表 5-6 所示。

表 5-6 运费表

DUBAI	UAE		DXB
UAE DIRHAM	AED		kgs
EDINBURGH	GBP		
		M	190.00
		N	31.45
		45	23.75
		100	14.40
		500	11.53
	2199	250	10.55
	2199	500	9.05
	2865	500	10.00

注：根据 TACT Rates，2199 为纱、线等纺织品，2865 为地毯等。

3. 有两批货物由北京经空运出口至新加坡，第一批计费重量 150 kg，第二批计费重量 80 kg。有关运价资料如下：

N（100 kg 以下普通货物运价）：22.71 元/kg。

C（指定商品运价）：18.8 元/kg，起码重量 100 kg。

分别计算两批货物的航空运费。

4. 由上海到荷兰空运一批货物，其毛重为 38.6 kg，尺寸为 101 cm×58 cm×32 cm，请计算该批货物的运费。

公布运价如表 5-7 所示。

表 5-7 运费表

SHANGHAI	CN		PVG
Y. RENMINGBI	CNY		kgs
AMSTERDAM	EUR		
		M	320.00
		N	50.22
		45	41.53
		300	37.52

5. 某公司向国外空运货物一批，托运人声明的货物价值为人民币 12000 元，实际重量为 30 kg，求该批货物的声明价值附加费（假设 1 美元等于 7 元人民币）。

三、实务操作题

1. 时差及飞行时间计算。

某年 1 月 6 日上午 9 点 10 分，一架飞机从赞比亚首都卢萨卡（LUN）起飞，于

1月7日14点50分到达香港（HKG）。卢萨卡在东二区，香港在东八区，总飞行时长是多少？

2. 计算其航空运费并填制航空货运单运费计算栏。

路线：上海到巴黎。

商品：玩具。

毛重：5.6 kg。

尺寸：40 cm×28 cm×22 cm。

公布运价如表5-8所示。

表 5-8　运费表

SHANGHAI	CN		SHA
Y. RENMINGBI	CNY		kgs
PARIS FR	EUR		
		M	320.00
		N	50.37
		45	41.43
		300	37.90
		500	33.42
		1000	30.71

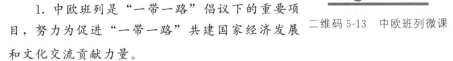

任务三　了解中欧班列

◆ 素养目标

1. 中欧班列是"一带一路"倡议下的重要项目，努力为促进"一带一路"共建国家经济发展和文化交流贡献力量。

2. 深入学习、深刻领会习近平新时代中国特色社会主义思想，提高政治素养和业务素质。

二维码 5-13　中欧班列微课

◆ 知识目标
1. 了解中欧班列。
2. 掌握中欧班列主要线路。
3. 掌握铁路运费计算方式。

◆ 技能目标
1. 能发挥铁路运输优势，规避劣势。
2. 能制定铁路运输方案，计算铁路运费。

一、中欧班列的概念与意义

1. 概念

中欧班列（China Railway Express，简称 CR Express）是由中国铁路总公司组织，按照固定车次、线路、班期和全程运行时刻开行，运行于中国与欧洲以及"一带一路"共建国家间的集装箱国际铁路联运班列。

2. 意义

近年来，在"一带一路"倡议推动下，中欧班列充分发挥其在时效、价格、运能、安全性等方面的比较优势，开行数量和质量持续稳步提升，逐渐被中欧广大客户所接受，成为中欧间除海运、空运外的第三种物流方式。中欧班列通达欧洲20多个国家、200多个城市。如今，一列列"钢铁驼队"正成为中国与"一带一路"共建国家政策沟通、设施联通、贸易畅通、资金融通、民心相通的重要桥梁。

二、中欧班列运行线与时效

中欧班列运行线铺划了西、中、东3条通道。

西部通道由中国中西部经阿拉山口（霍尔果斯）出境，主要吸引西南、西北、华中、华北、华东等地区的进出口货源，在新疆阿拉山口、霍尔果斯铁路口岸与哈萨克斯坦铁路相连，途经俄罗斯、白俄罗斯、波兰等国，最终到达欧洲其他各国，平均运输时效约为20天。

中部通道由中国华北地区经二连浩特出境，主要吸引华中、华北等地区的进出口货源，在内蒙古二连浩特铁路口岸与蒙古国铁路相连，途经俄罗斯、白俄罗斯、波兰等国，通达欧洲其他各国，平均运输时效约为 25 天。

东部通道由中国东北地区经满洲里（绥芬河）出境，主要吸引华东、华南、东北地区的进出口货源，在内蒙古满洲里铁路口岸、黑龙江绥芬河铁路口岸与俄罗斯铁路相连，途经白俄罗斯、波兰等国，通达欧洲其他各国，平均运输时效约为 25 天。

中国有郑欧、蓉欧、冀欧、义新欧、苏满欧、渝新欧等班列借陆出境，对接中国与欧洲的贸易活动，建立了中国至欧洲铁路国际联运品牌，为"一带一路"倡议的实施提供了有力支撑。

三、中欧班列运输的优劣势

（一）优势

1. 运输速度快

中欧班列与海运相比，运输时间大大缩短，减少了货物在海上漂泊的时间，提高了运输效率。

2. 运输成本较低

中欧班列的运输成本较空运低，对于需要大量运输货物的企业来说，可以节省不少成本。

3. 运输能力强

中欧班列的运输能力相对较强，可以同时运输不同种类的大量货物，满足需要大量运输客户的运输需求。

4. 安全性高

中欧班列基于国际铁路联运，有严格的安全措施和监管机制，安全性较高。

5. 清关便捷

中欧班列采取"一次申报、一次检验、一次放行"的快速通过模式，大大提高了运输效益，贸易便利化水平高。

（二）劣势

中欧班别也存在一些不足之处，例如对运输市场的要求和对铁路运输枢纽的要求比较高；实际运输中因途径国家较多，也面临着一些地区安全风险。

1. 路线长

中欧班列的路线较长，需要经过多个国家，涉及多个国家的海关和边境管理，增加了运输的复杂性和风险。

2. 受限于线路

中欧班列的线路相对固定，如果线路出现损坏等意外情况，会对运输造成影响。

3. 受限于货源

中欧班列的货源也需要有一定的稳定性，如果货源不足或者不稳定，会对运输造成影响。

4. 受限于政策

中欧班列的发展也受到沿线地区政策的影响，如果政策发生变化，会对中欧班列的运输造成影响。

四、铁路运费的计算

（一）国际铁路运费结算规则

铁路运输可以分为国际铁路货物联运和国内铁路货物运输。

国际铁路联运货物运费主要是依据《国际铁路货物联运统一过境运价规程》（简称《统一货价》）和我国《铁路货物运价规则》（简称《价规》）进行计算。运费计算的原则为：发送国和到达国铁路的运费，均按铁路所在国家的国内规章办理；过境国铁路的运费，均按承运当日统一货价规定计算，由发货人或收货人支付；参加《国际铁路货物联运协定》（CMIC，简称《国际货协》）的国家向未参加该协定的国家运送货物，则有关未参加该协定国家铁路的运费，可按其所参加的其他联运协定计算；我国出口联运货物时，一般均规定在卖方车辆上交货，因此我方仅负责运至出口国境站一段的运送费用。联运进口货物，则要负担过境运送费用和我国铁路段的费用。

托运人向铁路托运一批货物，因其重量、体积或形状需要1辆或1辆以上货车装运的，应按整车运输的方式向铁路部门（承运人）办理托运手续。根据我国《铁路货物运输规程》的有关规定，下列货物限按整车办理：需要冷藏、保温或加温运输的货物；规定限按整车办理的危险货物；易于污染其他货物的污秽品（如未经消毒处理或未使用密封不漏包装的牲骨、湿毛皮、粪便、炭黑等）；不易计算件数的货物；蜜蜂；未装容器的活动物（铁路局定有管内按零担运输的办法者除外）；一批货物重量超过2吨，体积超过3立方米或长度超过9米的货物（经发站确认不致影响中转站和到站装卸车作业的除外）等。

零担货物，是指重量或容积不足以装满一车的同一张运单的货物。一批货物的重量或容积不满一辆货车，且与其他几批甚至上百批货物共用一辆货车装运时，则按零担办理。根据我国《铁路货物运输规程》的有关规定，按零担托运的货物，体积最小不得小于 0.02 立方米（一件重量在 10 千克以上的除外），每批不得超过 300 件。

（二）铁路运输费用组成

中欧班列运费中的基本运输费（不包括保险费、附加费等其他费用）一般由头程费用、铁路段费用和境外派送费用三部分组成，中欧班列业务分类及相关的运输费用组成如图 5-5 所示。

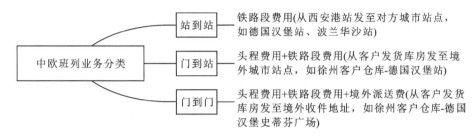

图 5-5　中欧班列业务分类和铁路运输费用

（1）头程费用是指从客户指定的仓库提取货物，并运送至铁路港集拼中心的相关费用，其中包括客户处仓库装货费、路程转运费、集拼中心卸货费三个部分，具体费用依据提货地址和货物的相关情况计算收取。

（2）铁路段费用是指从铁路港集拼中心起运港至目的港的铁路集装箱运输费用，其中包括一柜海关监管作业费、口岸转关费、境外场站操作费、GPS 追踪服务费、起运港地面操作费。起运港地面操作费用一般包含单证制作、一票报关（每增加一票额外加收）费用，起运港堆场 15 天内免费堆存。

（3）境外派送费是指到达目的地站后，提取货物装卸上车并派送至客户处的费用，其中包括货物清关费、货物装卸操作费、路程运输费。

◆ 任务情境

小李是某网络科技有限公司的实习生。经理告知小李在跨境货物运输中，高额的运输费用已经成为影响进出境货物价格和贸易效益核算的重要因素。

◆ 任务要求

以下是小李在这一实习任务中的主要职责：深刻认识"一带一路"与中欧班列；掌握中欧班列的线路与时效；能有效利用铁路运输优势，并规避其劣势；会计算铁路运费，制定铁路运输方案。

任务实施

[步骤1] 了解国际铁路货物联运费用计算和核收的主要依据

在我国,进行国际铁路货物联运的货物运送费用计算和核收的主要依据是《国际货协》《统一货价》及《价规》,运送费用的收取标准如下。

1. 参加《国际货协》各国的铁路运送费用核收的原则

根据《国际货协》的相关规定,国际铁路货物联运运费核收规定如下。

(1) 发送国家相关路段的运送费用:在发站向发货人或根据发送路国内现行规定核收。

(2) 到达国家相关路段的运送费用:在到站向收货人或根据到达路国内现行规定核收。

(3) 过境国家相关路段的运送费用:按《统一货价》在发站向发货人或在到站向收货人核收。

2. 《国际货协》参与国与非参与国之间铁路运送费用核收的规定

(1) 发送国家相关路段和到达国家相关路段的运送费用与上述第1项的(1)(2)相同。

(2) 过境国家相关路段的铁路运送费用:参加《国际货协》并实行《统一货价》各过境国家的运送费用,在发站向发货人核收;从非《国际货协》参与国过境的铁路的运送费用,在到站向收货人或在发站向发货人核收。

3. 过境铁路口岸站的货物运送费用核收的规定

从参加《国际货协》并实行《统一货价》的国家发站,过境另一个实行《统一货价》国家的铁路口岸,向其他国家(不论这些国家是否参加《统一货价》)及向相反方向运送货物时,须采用《国际货协》票据办理货物运送,且只能办理发站至过境口岸站为止的货物运送,然后再从这个站起开始办理至到站的货物运送。

从参加《国际货协》国家的发站至口岸站的运送费用,在发站向发货人核收;向相反方向运送时,在到站向收货人核收。在岸口站所发生的杂费和其他费用,在任何情况下,都在这些岸口车站向发货人或收货人的代理人核收。过境铁路的运送费用,按《统一货价》规定计收。

[步骤2] 计算国际铁路货物联运运费

根据《国际货协》的规定,我国通过国际铁路联运运送的进出口货物,其国内段运送费用的核收应按照我国《价规》进行计算,其计算程序如下。

（1）根据货物运价里程表确定从发站至到站的运价里程。

（2）根据运单上填写的货物品名在货物品名检查表中查找，确定其适用的运价号。

（3）根据运价里程和运价号在铁路货物运价率表（见表5-9）中查找相应的运价率。

（4）按《价规》确定的计费重量与该批货物适用的运价率相乘，算出该批货物的运费。

$$运费＝货物计费重量×运价率$$

对于零担货物、快运、随旅客列车的挂运，则分别在基本费率基础上规定了不同的运费加成率。因此，其货物运费可按下列公式计算。

$$运费＝货物计费重量×运价率×加成率$$

表5-9　铁路货物运价率表

办理类别	运价号	发到基价		运行基价	
		单位	标准	单位	标准
整车	1	元/吨	5.6	元/吨公里	0.0288
	2	元/吨	6.3	元/吨公里	0.0329
	3	元/吨	7.4	元/吨公里	0.0385
	4	元/吨	9.3	元/吨公里	0.0434
	5	元/吨	10.1	元/吨公里	0.0491
	6	元/吨	14.6	元/吨公里	0.0704

[提示贴]

运价里程：按发站至到站的最短路径计算。

货物运价号：根据《价规》确定。

货物运价率：出口货物按发站承运当日运价率计算；进口货物按进口国境站在运单上加盖的日期实行的运价率计算；一批货物有多个品种的货物时，按运价率最高者计算。

计费重量：整车以吨为单位，四舍五入；零担货物以10千克为单位，不足10千克的计10千克；集装箱以箱为单位。

[步骤3] 货物运到逾期的罚款

货物实际运到天数超过规定的期限，即可视为货物运到逾期。

如果货物运到逾期，造成逾期的铁路运输企业则应按该路线收取的运费的一定比例向收货人支付逾期罚款。具体逾期罚款率如表5-10所示。

表 5-10 国际铁路联运的逾期罚款率

逾期百分率（s）	罚款率
s≤10%	6%
10%<s≤20%	12%
20%<s≤30%	18%
30%<s≤40%	24%
40%<s	30%

逾期罚款的计算方法即相关规定如下：

逾期罚款 = 运费 × 罚款率

逾期百分率 =（实际运送天数 — 按规定计算运到期限天数）/ 按规定计算运到期限天数 × 100%

自铁路通知货物到达和可以将货物移交给收货人处理时起，一昼夜内如收货人未将货物领出，即失去领取运到逾期罚款的权利。

二维码 5-14 铁路运费计算案例

如果货物在某一段铁路运到逾期，而在其他铁路却早于其规定的期限，那么在确定逾期时间的时候，要将上述时间进行相互抵消。

[提示贴]

快运货物运到逾期：除按规定退还快运费外，货物运输期间按每 250 运价千米或其未满为 1 天计算，运到期限仍超过时，应按上述规定，向收货人支付违约金。

超限货物、限速运行的货物、免费运输的货物，若运到逾期，承运人不支付违约金。

任务评价

任务完成度评价表如表 5-11 所示。

表 5-11 任务完成度评价表

层级	评价内容	满分	得分	自我评价
1	了解"一带一路"与中欧班列	20		
2	知道中欧班列线路与时效	20		
3	掌握铁路运输的优劣势	20		
4	学会计算铁路运费	20		
5	能够制定铁路运输方案	20		

二维码 5-15　中欧"卡车航班"提供跨境贸易物流新方案短视频

二维码 5-16　义乌物流短视频

二维码 5-17　"义新欧"中欧班列

项目综合测评

一、单选题

1. 货运量仅次于海洋运输的一种主要运输方式是（　　）。
   A. 铁路运输
   B. 公路运输
   C. 航空运输
   D. 管道运输

二维码 5-18　项目五任务三综合测评答案

2. 国际铁路联运中使用的运输单据是（　　）。
   A. 国际货协运单　　　　　　　　B. 承运货物收据
   C. 记名提单　　　　　　　　　　D. 备运提单

3. 铁路货运"五定"班列是指（　　）。
   A. 定点、定线、定车次、定货物、定价
   B. 定车组成员、定线、定车次、定时、定价
   C. 定车组成员、定线、定车次、定货物、定价
   D. 定点、定线、定车次、定时、定价

4. 铁路部门规定，在办理国内危险货物运输时，必须由（　　）直接向铁路部门办理托运手续。
   A. 托运人　　　　　　　　　　　B. 具有资质的中间机构
   C. 铁路指定的代理人　　　　　　D. 企业法定代表人

5. 铁路运输中，必须按整车托运的货物是（　　）。
   A. 电视机　　　　　　　　　　　B. 服装
   C. 汽车　　　　　　　　　　　　D. 煤炭

6. 有关两种运输方式的叙述，正确的是（　　）。
   A. 运输距离小于 600 千米时，高铁不占绝对优势
   B. 随着运距的增大，高铁和航空的优势都减小
   C. 运输距离大于 1400 千米时，高铁和航空均有优势
   D. 运输距离在 1000 千米左右，高铁和航空竞争最激烈

7. 交通运输线的区位选择中起主导作用的是（　　）。
   A. 地貌类型　　　　　　　　　　B. 经济、社会因素
   C. 河流水文状况　　　　　　　　D. 气候条件

8. 关于交通运输的叙述，正确的是（　　）。
① 铁路运输具有运载量大、速度快、运费较低、受自然因素影响小、连续性好等特点
② 公路运输的发展速度不如铁路运输快
③ 公路运输、铁路运输、水路运输、航空运输、管道运输五种交通运输方式相比较，水路运输受自然条件的影响最小
④ 航空运输是最快捷的现代运输方式

A. ①②　　　　　　　　　　　　　　B. ①③
C. ①④　　　　　　　　　　　　　　D. ②④

9. "中巴经济走廊"是继"孟中印缅经济走廊"之后，中国在南线部署建设的一条新的丝绸之路路径。中巴铁路建成后，中国西南各省份可利用铁路运输借道新疆，或仍借道广西利用海运开拓巴方市场，两者相比来说，（　　）。

A. 铁路运输路程短，且运速快
B. 铁路运输运量小，但灵活性强
C. 海运成本低，受自然条件影响小
D. 海运安全性强，专业化水平高

10. 2015年，中国同意巴基斯坦政府的请求，接手运营瓜达尔港，并讨论修建中巴铁路，起点为中国新疆的喀什，终点为巴基斯坦的瓜德尔港。该铁路修建的最大自然障碍是（　　）

A. 气候干旱　　　　　　　　　　　　B. 地形崎岖
C. 经济落后　　　　　　　　　　　　D. 河网密集

二、多选题

铁路货物运价按货物运输种类分为（　　）。

A. 零担货物运价　　　　　　　　　　B. 挂车货物运价
C. 集装箱货物运价　　　　　　　　　D. 整车货物运价

三、判断题

1. 挂车可以单独作为一个完整的运输工具进行运输。　　　　　　　　　　　　（　　）
2. 不能同一批运输的货物，在特殊情况下，如不影响货物安全、运输组织和赔偿责任的确定，经铁路有关部门承认，也可同一批运输。　　　　　　　　　　（　　）
3. 剧毒药品是禁运货物。　　　　　　　　　　　　　　　　　　　　　　　（　　）
4. 保价运输的货物和不按保价运输的货物可以同一批运输。　　　　　　　　（　　）
5. 物流服务质量控制的目的在于提高顾客满意度，避免顾客流失和发生物流事故。　　　　　　　　　　　　　　　　　　　　　　　　　　　　　　（　　）

项目六 [跨境电商仓储]

Project
Six

任务一　了解海外仓及运营

任务二　学习仓储库存管理

项目导航

本项目聚焦跨境电商物流的海外仓运营和仓储库存管理两大关键领域。

在任务一海外仓运营中，我们将深入探讨海外仓的运用模式，比较分析不同的海外仓运营模式的优劣势。我们将学习海外仓的选品及定位，并初步了解公共海外仓和虚拟海外仓。同时，我们也将学习海外仓的仓储费计算，以及海外仓尾程派送费的计算方法。

在任务二仓储库存管理中，我们将进一步了解仓储库存管理的核心要素、仓储管理系统、ABC库存分类管理等。我们将学习如何根据市场需求和供应链状况，制订合理的库存计划，确保库存水平既能满足客户需求，又能降低库存成本。此外，我们还将研究如何通过先进的技术和管理方法，实现仓储库存的高效运营，包括采用仓储管理系统、实施库存预警机制等。

通过本项目的学习，我们将全面理解跨境电商仓储的运营与管理，掌握海外仓运营和仓储库存管理的核心知识和技能，为将来在跨境电商领域的工作取得成功打下基础。

项目导学

在项目六中，我们将深入解析跨境电商海外仓运营、仓储库存管理的运作机制，并探讨其在跨境电商领域中的重要地位。

首先，海外仓运营在跨境电商仓储中具有举足轻重的地位。随着全球化的不断深入，跨境电商成为连接国际市场的重要桥梁。海外仓作为这一桥梁的重要支柱，不仅体现了跨境电商的蓬勃发展，也体现了企业对于社会责任的深刻认识。企业在运营海外仓时，不仅要确保商品的安全存储与快速配送，还要考虑到对环境的保护问题，一些企业主动采用环保包装和绿色物流方式，减少碳排放，降低对环境的影响。这种举措彰显了企业的社会责任感，为可持续发展贡献力量。

其次，库存管理在跨境电商仓储中同样扮演着关键角色。在全球贸易日益频繁的背景下，企业在进行库存管理时不仅要保证商品的充足供应，还要保证库存成本的优化。企业需要采用先进的仓储管理系统，实现库存数据的实时监控和智能分析，以科学合理地制订采购计划，避免库存积压和浪费。这种公平、透明和高效的仓储库存管理模式，不仅有助于提升企业的竞争力，也体现了对供应商和消费者的尊重与负责感。

最后，跨境电商仓储与可持续发展紧密相连。携手推动可持续发展已成为各国的共识。跨境电商仓储可以通过优化仓储网络、提高能源利用效率、推动绿色物流等方式，为实现可持续发展贡献力量。例如，企业可以采用节能设备、绿色包装和低碳运输方式，降低仓储和物流过程中的能耗和排放。这些实践措施不仅有助于保护地球环境，也为企业树立了良好的社会形象，赢得了消费者的信任和支持。

任务一　了解海外仓及运营

◆ **素养目标**

1. 了解仓库作业，树立"劳动创造价值"的观念。

2. 加强大数据处理、分析能力。

3. 培养全面思考、综合应用的思维方式，增强自信心和主观能动性。

◆ **知识目标**

1. 了解不同的海外仓模式。

2. 了解公共海外仓及虚拟海外仓的概念及分类。

◆ **技能目标**

1. 能进行海外仓选品分析。

2. 熟悉海外仓出入库操作流程及在库作业流程。

3. 能根据实际产品及当地运输规则，选择最合适的海外仓运输方式，能核算仓储费成本。

二维码 6-1
海外仓解说短视频

二维码 6-2
《关于拓展跨境电商出口推进海外仓建设的意见》
（商贸发〔2024〕125 号）

 一、海外仓运营模式

（一）第三方海外仓

第三方海外仓模式是指由第三方企业（多数为物流服务商）建立并运营的海外

仓，可以提供清关、入库质检、订单接收、商品分拣、配送、仓储等服务。部分海外仓还可提供退货接收、产品检测、二次分销、销毁弃置等服务。第三方海外仓的管理权由海外仓运营企业掌握，换言之，在该模式下，海外仓运营企业可掌握整个物流体系。跨境电商企业与第三方海外仓企业有两种合作方式：租赁、合作建设。租赁方式费用较高且复杂，会产生运营成本、物流成本、仓储成本；合作建设方式则只会产生物流成本，但需要花费较多的人力进行尾程管理。

（二）FBA

FBA 提供包括仓储、拣货、打包、派送、收款、客服与退货处理一条龙式的物流服务。FBA 仓的物流管理是海外仓行业内的标杆。FBA 仓的日发货量、商品种类、消费者数量都处于业界领先水平，除了运费较贵、退货较麻烦外，FBA 的自营海外仓模式受到客户和消费者的一致好评。FBA 仓库对产品规格尺寸、重量、类别有不同程度的限制，更倾向于品质好、赚钱快且占地面积小的商品。并且 FBA 仓对货物入仓要求较为严苛，需要商家在入仓产品的外包装上粘贴 FBA 指定格式的标签，如标签发生破损或货物外包装发生损坏，就会影响商品上架效率，甚至会被标记为无法销售货物而无法进行上架销售处理。与其他海外仓模式相比，商品库龄较长时，FBA 仓仓储费用会明显较高，所以绝大部分客户会在 FBA 仓仓储费大幅增长前将产品从 FBA 仓转至第三方海外仓，然后进行重新换标、装箱等操作再次进入 FBA 仓，以减少在仓储费用上的支出。

（三）自营海外仓

自营海外仓模式是指由出口跨境电商企业建设并运营的海外仓库，仅为由本企业销售的商品提供仓储、配送等物流服务，其整个跨境电商物流体系是由出口跨境电商企业自身控制的。一些大型卖家出于个性化服务需要、成本控制等原因，会选择自费在目的地国家建设仓库、配置设备和信息服务系统，从而对货物进行全方位控制。

二、海外仓选品及定位

（一）海外仓选品概念

海外仓选品是指卖家选择适合海外仓的产品，且产品适合当地消费者的购物习惯及当地的市场需求。

（二）海外仓选品分类及定位

对于海外仓选品，不同的卖家有不同的策略。有的卖家倾向于尺寸大、重量重的产品，有的卖家倾向于对时效要求比较高的产品，还有的卖家偏向于结构复杂、对售后要求比较高的产品。根据市场大数据分析，选品可分为四种：A 类、B 类、C 类、D 类。

A 类产品属于高利润、低风险产品,与海外仓本地需求相适应,需要快速送达。A 类产品大部分是日用快消品,例如母婴产品、工具类产品、家居用品等。

B 类属于低利润、低风险产品,多为国外市场热销的低成本商品,例如 3C 产品的配件、爆款服饰等。

C 类属于高利润、高风险产品,多为大件商品,例如户外用具、家具、灯具等。

D 类属于低利润、高风险产品,多为国内小包或快递无法运送的产品,例如装有锂电池的产品、液体类产品。

三、了解公共海外仓

(一)公共海外仓概念

公共海外仓指境内公司(含海外分公司)在海外设立的公共仓储设施,为进出口产品提供仓储、配送、物流、包装等联合增值服务。

(二)公共海外仓分类

近年来,各地方政府高度重视对外贸易的发展,纷纷出台政策措施推动外贸行业发展,支持企业申报市级、省级的公共海外仓,并且给予一定的优惠扶持政策。公共海外仓具有公共性特点,除企业自用外,也会为其他外贸企业、电商公司提供清关、仓储、运输、分销、展示等境外综合营销服务。公共海外仓按照政府支持对象来划分,可分为以下三种类型。

1. 物流型公共海外仓

物流型公共海外仓是指按照固定航线(海、铁、空)和固定时间的优势约价,根据客户的需求,为客户提供运输、仓储、配送等多种物流服务的海外仓。物流型公共海外仓定时定量集中处理国际发运、仓储、分拣、打包、配送和转运的供应链一体化服务,优势体现于国际支线运输费用和目的国末端配送费用低于其他公共海外仓。

2. 贸易型公共海外仓

贸易型公共海外仓是指在固有的贸易活动基础上,依托目的国本地细分销售渠道和网络关系,在原有的国际贸易背景下,搭建国内卖家的线下销货和线上展示平台,依靠本地海外仓的时效性,实现良好的 B 端采购体验。

3. 平台型公共海外仓

平台型公共海外仓是指通过第三方平台下单,货物批量打包发运至海外仓进行拆箱、分类、上架，再打包出库、配送至买家手中的海外仓模式。平台型公共海外仓最大的特点就是仓库设立点较多，平台会在业务范围内的各个国家/城市或邻近国家/城市设点，便于三方沟通、统一管理，也有利于缩短产品尾程派送的时间。

四、虚拟海外仓

虚拟海外仓简称虚拟仓，是一种仓储解决方案，它并不是实际存在的物理仓库，而是一种基于系统和技术的虚拟仓储模式。虚拟海外仓操作流程如下：先由中国跨境电商卖家在国内批量打印尾程派送运单，并贴在每个小件的外箱上；再将这些小件统一打包成一个大包，用国际快递头程的解决方案运往目的国家，国际快递负责清关并将货物运往目的国海外仓；海外仓接收包裹后，将大包拆分，然后直接将小件包裹通过本土快递派送至消费者手上。从虚拟海外仓的操作流程可以看出，虚拟海外仓模式并没有仓储、租赁等操作，节省了时间成本、仓储成本，大大提高了运输效率。

五、仓储费计算

海外仓仓储费是卖家为了储存一定数量的商品向海外仓支付的费用。海外仓仓储费根据产品体积、商品存放货架货位体积、托盘体积以及产品重量进行计算，大多数情况下是根据产品体积或托盘体积进行计算。

（1）根据产品体积计算仓储费：

仓储费＝每个产品体积×产品数量×仓储单价×天数

（2）根据货位体积计算仓储费：

仓储费＝每个货位体积×占用货位数量×仓储单价×天数

（3）根据托盘体积计算仓储费：

仓储费＝每个托盘体积×托盘数量×仓储单价×天数

（4）根据重量计算仓储费：

仓储费＝产品总重量×仓储单价×天数

根据以上计算方法，我们来试着计算下面这个例题。

某客户在 2024 年 5 月 8 日通过海运将 100 件电竞椅（不含电池）运送到德国某第三方海外仓，产品共计 1 个 SKU（带商品编码和条形码），单个产品包装尺寸为 0.85 cm×0.34 cm×0.67 m，重量 28 kg。假设该产品没有免仓期，请根据产品体积和托盘体积的仓储费计算标准（见表6-1），分别算出该客户 8 月份按产品体积和按托盘体积计费的仓储费（不考虑托盘高度的情况下，根据产品尺寸及欧标托盘尺寸判断，每托大概存放6个产品，欧标托盘尺寸：1.2 m×0.8 m×1.8 m）。

表6-1 根据产品体积和托盘体积的仓储费计算标准

根据产品体积计算仓储费的标准	
存放时间（月）	计费单价（欧元/立方/天）
1～3	0.6
3～6	1.12
6～12	2.3
根据托盘体积计算仓储费的标准（欧标托盘1.2 m×0.8 m×1.8 m）	
存放时间（个月）	计费单价（欧元/托/天）
1～3	2
3～6	4
6～12	10

解：（1）按产品体积计算仓储费。

单个产品体积＝长×宽×高＝0.85×0.34×0.67≈0.19（m³）

仓储费用＝0.19×100×0.6×31＝353.4（欧元）

（2）按托盘体积计算仓储费。

所需托盘数＝产品数量/每托可存放数量＝100/6≈17（托）

单个托盘体积＝1.2×0.8×1.8＝1.728（m³）

仓储费＝1.728×17×2×31≈1821.31（欧元）

答：根据产品体积计算的8月仓储费为353.4欧元，根据托盘体积计算的8月仓储费为1821.31欧元。

六、海外仓尾程派送费计算

海外仓尾程派送费指的是以海外仓所在地区为发运地，根据客户指定的运输方式及服务，将货物送至客户指定目的地的过程中所产生的费用。根据运输方式的不同，海外仓尾程派送可分为快递派送及货运派送。

快递派送适用体积较小、重量较轻、货值较低的产品，以及非特殊产品（装有锂电池产品、液体类产品等均属于特殊产品）、B2C（发运给私人买家）产品。

货运派送适用于体积较大、重量较重、带托运输、货值较高的产品，以及B2B（发运给公司、FBA仓等）产品。在B2B模式下，部分客户会将第三方海外仓作为FBA仓的补货仓，在FBA仓的商品库存较少时，会将存放在第三方海外仓的商品批量中转至 FBA 仓进行补货。这种方式大大降低了 FBA 仓的库存压力以及因存放时间较长产生的巨额仓储费。

在实际操作中，企业需要根据具体情况来计算并选择合适的海外仓尾程派送方式。下面我们通过例题来对其进行详细了解。

某客户在 2023 年 12 月份在某德国海外仓存放了一批健身器材，该产品仅 1 个 SKU（带商品编码和条形码），产品包装尺寸为 166 cm×40 cm×15 cm，重量 37 kg。客户在跨境电商平台上售卖了 1 件健身器材给德国买家，请根据 GLS（德国纽酷国际物流）快递尾程派送费和 DHL-FREIGHT（敦豪国际物流）货运尾程派送费报价（见表 6-2）计算海外仓尾程派送费，并选择合适的派送方式。

表 6-2　GLS 快递尾程派送费和 DHL-FREIGHT 货运尾程派送费报价

GLS 快递尾程派送费明细	
费用名称	计费单价
快递派送运费（DE）	1～3 千克：3.69 欧元 3～20 千克：4.44 欧元 20～31.5 千克：4.85 欧元 31.5～40 千克：20.43 欧元
燃油附加费（运费基础上计算）	16.5%
季节性附加费（每年 7—12 月收取）	0.5 欧元
超尺寸附加费（尺寸限制 120 cm×80 cm×60 cm）	6 欧元
DHL-FREIGHT 货运尾程派送费明细	
费用名称	计费单价（欧元）
运输费用	60.21
B2C 私人地址附加费	5
电话预约费用	5

解：根据产品尺寸为 166 cm×40 cm×15 cm，可以判断，其中最长边 166 cm 超出了快递公司限值 120 cm，需收取超尺寸附加费。客户在 12 月份发运产品，还要收取季节性附加费。

GLS 快递派送总费用＝运费＋燃油附加费＋季节性附加费＋超尺寸附加费

GLS 燃油附加费＝20.43×16.5%≈3.37（欧元）

GLS 快递派送总费用＝20.43＋3.37＋0.5＋6＝30.3（欧元）

DHL-FREIGHT 货运派送总费用＝运费＋B2C 私人地址附加费＋电话预约费用＝60.21＋5＋5＝70.21（欧元）

答：根据上述计算，使用 GLS 快递派送更为划算，是更合适的派送方式。

◆ 任务情境

小李到某网络科技有限公司实习，负责海外仓运营。在大致了解了仓库运作流程后，小李开始着手开展工作，但是在实践过程中，小李遇到了许多问题。例如，怎样根据系统的波次单到指定库位查找货物？中转业务和一件代发业务的操作流程有什么不一样？等等。公司经理在了解这一情况后，为小李进行了系统的讲解。经理告知小李，应该先了解货物入库前的流程、货物到仓后的在库操作，重点区分中转业务和一件代发业务在操作上的区别，以及货物出库的流程。除此之外，还应该了解海外仓仓储费用及尾程派送费用的计费方式，学会自己进行费用核算，不能一味地依赖系统。

◆ 任务要求

一件代发业务和中转业务的出入库流程大致相同，要熟悉出入库的操作流程，了解一件代发及中转业务的具体操作要求，例如贴标、装箱等额外操作。除此之外还应该了解仓储费用及尾程派送费用的计费方式。海外仓出入库流程以及费用结算也会涉及系统操作，要求操作人员十分熟悉实际操作流程以及费用计算方式，从而能在系统内进行模板设置。

[步骤1] 入库作业

入库作业包括货物到达海外仓前的预报工作涉及到仓后的收货、质检、上架操作。

1）入库预报确认

电商卖家需将自己的货物信息（产品类目、尺寸重量、到货数量等）、到货形式（整柜、托盘、散货等）、预计到货时间以及到仓后的出货形式（中转或一件代发）提前告知海外仓。除以上流程之外，电商卖家还要与海外仓确认仓库入库标准，如是否需粘贴海外仓入库箱唛、SKU 条形码等。

2）入库预约和送仓时间预约

（1）如果电商卖家自行选择将货物运输至海外仓的头程渠道（非后续

需进仓的海外仓负责的头程运输），电商卖家需联系头程渠道方与海外仓预约送仓时间（一般海运整柜需预约确切的送仓时间；空运、快递、海运散货只需提前告知大概时间及到货形式即可，具体根据各个海外仓的规定实施）。

（2）如果由海外仓负责头程的运输，则无须电商卖家进行送仓预约，与海外仓预报确认后，在货物到仓前告知海外仓到货形式及到货时间即可。

3) 收货

海外仓根据客户预报与实际到货产品进行收货质检，包括以下部分。

（1）确认货物的实际到货形式是否与预报相符。到货形式一般分为整柜到货、托盘到货以及散箱到货，不同的到货形式所对应的计费标准也不一致。

（2）确认实际到货产品与预报是否一致。跨境电商卖家一般在货物还在工厂待出货前就与海外仓进行预报确认，这就会导致最终到仓产品有时会与预报不符。例如应到 A 条形码产品，实际到货的是 B 条形码产品，或实际到货产品中存在预报中并没有的产品等其他意外情况。

（3）确认实际到货产品的总数量与各个 SKU 的数量是否与预报一致。到仓 SKU 较多时，易出现实际到货数量与预报数量不符的情况，需仓库操作人员仔细耐心地进行分类、清点，如出现偏差须及时汇总并与客户确认。

（4）确认各个 SKU 产品的破损情况。将货物清点好并根据 SKU 进行分类后，仓库操作人员需对各个 SKU 的产品的破损情况进行数据统计及拍照留证并反馈给客户，待客户确认后再继续操作，如有破损严重的产品，则须换标当作残次品出货或直接做弃置处理。

4) 上架

上架指的是仓库操作人员根据货物的尺寸重量以及后续出货形式（一件代发或中转）进行库位规划并将货物上架，通俗地说就是将货物放置到对应的货架库位上。一般流转较快的货物会被放置在靠近出货区的货架下方，拿取较为方便。如实际到货情况与预报相符，则告知客户后即可进行上架操作；如实际到货情况与预报有偏差，须待客户确认实际数据及后续处理方法，再根据实际情况进行上架处理。

[步骤 2] 在库作业

在库作业指的是货物在库内进行的其他操作，大致分为以下几个方面。

1) 盘点

盘点指根据客户到货及出货数据或系统记录与库内实际货物数据进行比对盘点，如有误差，及时核查并向客户反馈。

2) 移库

移库指商品在不同货架之间的移动整理或补货，旨在使货架流转率最大化，使仓库操作更为简单方便。

3）换标

换标指对商品进行标签替换、覆盖、更改等操作。一般进行退货换标业务及处理C端买家退货时会进行换标操作，包括SKU标签覆盖、外箱箱贴替换等。需要注意的是，替换过SKU标签的货物在系统中的数据要进行相应的修改，避免出现系统出货SKU与实际SKU不一致的情况。

4）移仓

移仓指将商品在不同仓库之间进行调拨。

[步骤3] 出库作业

出库作业指将在库内上架完毕的货物进行拣货、验货复核、发货等库内操作。客户在海外仓客户端系统中（运用较多的是WMS/OMS系统）下单，管理端会在接收到订单后就会进行出口作业并发货，出库作业包括以下流程。

1）接单

客户在客户端系统下单完毕后，管理端系统接收订单。

2）拣货

系统会根据上架时间及需发货的SKU自行匹配对应库位，仓库操作人员会根据波次单进行拣货处理。

3）验货复核

仓库操作人员使用扫描枪扫描对应的SKU条形码及运单进行订单匹配，核对订单、SKU以及种类等信息。

4）包装

仓库操作人员将验货完毕的商品进行打包或装箱打托等操作。

5）发运

仓库操作人员将已操作完毕的货物放置在发货区，待快递公司或货运公司取货发运。

任务完成度评价表如表6-3所示。

表6-3　任务完成度评价表

层级	评价内容	满分	得分	自我评价
1	了解海外仓模式	20		
2	熟悉出入库流程及在库操作	20		
3	了解仓储费用计算	20		
4	了解尾程费用计算	20		

项目六 跨境电商仓储　　181

二维码 6-3 《跨境电子商务海外仓运营管理要求》国家标准发布

二维码 6-4 2023 年跨境电商海外仓发展情况总结

任务二　学习仓储库存管理

任务目标

◆ 素养目标

1. 学会综合性考虑问题，培养大数据思维及成本意识。

2. 提高职业素养，培养责任心及法治观念，树立正确的劳动观、世界观。

◆ 知识目标

1. 了解仓储管理系统的相关内容。

2. 能根据 ABC 库存分类法对库内商品进行合理的分类。

◆ 技能目标

1. 掌握合理的售后处理方法。

2. 掌握经济订货量的计算方法。

3. 掌握安全库存的计算方法。

一、仓储管理系统

仓储管理系统（Warehouse Management System，WMS）是一个实时的计算机

软件系统，它能够按照运作的业务规则和运算法则，对信息、资源、行为、存货和分销运作进行管理，提高运作效率。海外仓 WMS 要适应海外本土员工的使用习惯。WMS 具备以下关键功能：获取上游电商平台、订单系统、外贸 ERP 的计划指令；控制并跟踪库内作业过程；与外部自动化设备集成。

WMS 在海外仓运营中发挥着不可忽视的辅助作用，除日常使用的出入库系统预报操作外，还包括库存查询、增值服务、财务管理（包括各项费用核算计费）等。WMS 通过数字化手段汇总并呈现仓库数据，大大降低了仓库操作的难度。

二、ABC 库存分类管理

ABC 库存分类管理法指的是将库存物品按品种和占用资金的多少，分为特别重要的库存（A 类）、一般重要的库存（B 类）和不重要的库存（C 类）三个等级，然后针对不同库存等级分别进行管理与控制。这种分类管理法的作用有压缩库存总量、释放占压资金、合理化库存、节约管理投入等。ABC 库存分类管理法把重要的少数库存和不重要的多数区库存分开来，使企业将管理工作重点放在重要的少数库存上，既加强了管理，又节约了成本。缺点是该方法较为忽视 B 类和 C 类商品的管理。

◆ 任务情境

小李到某网络科技有限公司实习，主要负责仓库操作及对接方面的工作。在熟悉仓库操作流程后，小李准备开始汇总整理库内数据，并进行分析，以确认最佳的库内货物的处理方式，包括优化库内库存管理、合理处理商品售后问题、计算经济订货量、计算订货点及安全库存、合理处理坏货及滞销产品。

◆ 任务要求

仓库操作人员需要系统地规划仓库，了解库内库存的优化管理方法和安全库存计算方法，给予客户充足的补货时间，以提高仓库周转效率，保证仓库存储利益最大化。同时，合理的商品售后处理以及坏货及滞销产品的处理能力，是海外仓竞争优势的一大来源。

任务实施

[步骤1] 优化库存管理

库存管理是企业经营的一大重心，企业可以采取相应的措施来优化库存管理，例如定期盘点和清理，根据货物的入仓情况及出货情况分析产品的销量，对于销量较好的产品要及时补货，避免补货不及时错失最佳的销售时间；对于销量较差的滞销库存要及时处理，以减少库存积压产生的额外费用。

[步骤2] 预测市场需求

预测市场需求对企业来说是至关重要的。利用大数据分析、市场调研等方法，预测市场对企业产品的需求趋势，可以避免盲目生产、采购导致库存积压以及资金浪费。海外仓销售也可通过大数据预测判断未来一段时间可能会热销的产品类目，多接收该类货物，增加货物流转率，避免库内滞销产品无法处理的风险。

[步骤3] 系统库存监控

实时关注系统内各产品的库存情况，分析各个产品的出入库数据，设定库存预警，可以为热销产品的库存补货及滞销产品的处理提供充足的应对时间。

[步骤4] 合理的商品售后处理

买家会因为商品有质量问题或商品不符合预期等情况与卖家协商退换货，但退回的货品经过首次发运、买家拆装、退回发运后，到仓时产品外包装会有一定的损坏，相较于还在库内的新货，再次售卖对卖家来说是一大考验，除增加了费用成本外，也增加了时间成本。所以制定合理的售后处理，有利于降低退货率，提高买家的满意程度。售后问题主要分为以下几点。

1) 买家主观退货

买家会因购买前未将自己的需求与实际购入的产品做合理的匹配，或收到的实际产品不符合心理预期等，产生不满意的心理而要求退货。想要避免这种情况，卖家应尽可能地做好售前准备，例如补充购买页面的信息，写明材质、使用方法等，尽可能避免因信息不准确而误导买家购买。同时积极配合买家进行退货处理，给买家留下好印象，良好的售后服务有利于将买家发展为"回头客"。

2）产品质量问题

当买家因产品有质量问题要求退换货时，应和买家确认实际情况。如仅是产品配件有故障，并且买家没有表现出强烈的退货意愿，则尽可能与买家协商重发配件，降低退换货成本。

3）仓库错发、漏发

如卖家在货物被买家签收前发现仓库错发、漏发产品，应及时向买家说明情况，第一时间告知仓库准确地重发、补发订单产品，同时通知快递拦截订单，减少买家收货等待的时间。如果是买家在签收后发现仓库错发、漏发产品，卖家应及时与买家协商退换货时间并重发订单，向买家表示诚挚的歉意，积极处理，尽可能地降低买家的不满意情绪。

4）售后维修

通常情况下，货值较高或机械类产品在使用期间损坏的概率较高，配备专业的技术人员协助提供售后服务有利于买家及时处理问题，如果技术人员能直接在线指导卖家自行处理故障，就可以避免退换货处理，将大大减少成本支出。如买家无法自行处理故障，技术人员还可以协助提供专业的售后退换货及维修服务，有利于提高买家对店铺的信任度及满意程度。

5）售后评价

顾客在使用商品的过程中，会对商品进行评价，网店需要提供相应的评价回复服务，并给出相应的解决方案，以提高顾客的满意度。

[步骤5] 坏货、滞销产品处理

跨境电商卖家可能会遇到因各种原因导致货物无法再次出售或滞销的情况。货物积压在平台仓库或海外仓时，海外仓需要帮助客户妥善处理积压货物，让产品重新获得价值、避免货物损失及长期仓储产生的高额仓储费用。这是海外仓增值服务的重要内容，也是海外仓竞争优势的一大来源。坏货、滞销产品处理方式有以下几种。

1）低价出售

当产品有部分破损或外包装有破损，无法当作新货直接出售时，卖家可在平台单独开一个链接，创建新的SKU条形码，低价出售这部分货物，同时由海外仓进行换标服务，将坏货或滞销产品单独存放，避免与新货混合。

2）海外仓代销

部分海外仓为客户代销，它们有自己的代销渠道，可以很好地帮助客户代销滞销产品，有效地降低库存压力，降低仓储费用。

3）弃置销毁

当坏货或滞销产品无法再次售出或产生的仓储费用较高、预计货物售出后所得的利润较低时，大部分卖家会授权海外仓进行货物弃置销毁。在欧美绝大部分国家，进行批量货物的弃置销毁需要付费委托专门的销毁公司处理，就要求卖家具备较强的成本核算能力。

4）转运回国

当坏货或滞销产品产生的仓储费用及弃置销毁费用较高，或货物转运回国还能够继续销售处理时，卖家会将这类货物进行汇总，由海外仓进行打包并发运回国内，以避免货物损失或增加额外的成本费用。

[步骤6] 订货点计算

提出订货时的物资储备量叫"订货点量"，其计算公式为：

订货点量 ＝ 每日平均需求量 × 订货周期天数 ＋ 安全库存量

[步骤7] 安全库存量计算

安全库存量是指为防止因需求率增长或到货期延误等不确定因素导致缺货而设置的储备量，也可以理解为最低库存量或最低预警库存量。

安全库存量 ＝ 每天的销售量 × 到货时间周期

[步骤8] 供应商管理库存

供应商管理库存（Vendor Managed Inventory，VMI）是一种旨在实现用户和供应商双方成本最小化的合作性策略。其核心在于用户和供应商双方在一个共同的协议下由供应商管理库存，并不断监督协议执行情况、及时修正协议内容，使库存管理得到持续的改进。简单地说，就是供应商把原材料或零部件放在客户的仓库，客户生产消耗了一件，就付费一件；客户未用之前，库存所有权是属于供应商的，客户仅对货物有看管义务。这种库存管理策略打破了传统的各自为政的库存管理模式，体现了供应链的集成化管理思想，适应市场变化的要求，是一种新的、有代表性的库存管理思想。VMI在分销链中扮演着举足轻重的角色，正日益受到广泛重视与认可。VMI模式有以下几个特点。

1）信息共享

零售商（在制造业为生产商）可以帮助供应商制订更有效的库存计划；供应商可以从零售商处获得销售时点数据并利用该数据来协调其生产、库存活动以及零售商的实际销售活动。

2）供应商拥有并管理库存

供应商可完全拥有和管理库存，直到零售商将其售出为止，但是零售商对库存有看管义务，并需对库存物品的损伤或损坏负责。

3）准确预测市场需求

供应商能根据销售时点的数据，对市场需求做出更准确的预测，从而更精准地确定订货批量，减少安全库存量，降低存储与供货成本。同时，供应商能更快响应用户需求，提高服务水平。

任务评价

任务完成度评价表，如表 6-4 所示。

表 6-4　任务完成度评价表

层级	评价内容	满分	得分	自我评价
1	了解仓储管理系统	20		
2	了解 ABC 库存分类法	20		
3	掌握坏货、滞销产品处理方法	20		
4	掌握合理的商品售后处理方法	20		
5	掌握经济订货量、订货点量、安全库存的计算方法	20		

项目综合测评

一、单项选择题

1. 以下哪个选项是海外仓入库流程操作之一？（　　）
 A. 收货　　　　　　　　　　B. 接单
 C. 验货　　　　　　　　　　D. 打包
2. 以下哪个属于高利润、高风险的海外仓选品？（　　）
 A. 服饰　　　　　　　　　　B. 家具
 C. 3C 产品　　　　　　　　　D. 锂电池

二维码 6-5　项目六任务二综合测评答案

二、多项选择题

1. 海外仓出库操作流程有哪些？（　　）
 A. 接单　　　　　　　　　　B. 拣货
 C. 验货　　　　　　　　　　D. 包装
 E. 发运
2. 海外仓类型有哪些？（　　）
 A. 第三方海外仓　　　　　　B. FBA 仓
 C. 自营海外仓　　　　　　　D. 易仓

三、判断题

1. 海外仓就是保税仓。（　　）
2. ABC 库存分类法中，A 类库存是最不重要的。（　　）
3. 海外仓是指建立在海外的仓储设施。（　　）

四、实务操作题

1. 某企业每年需耗用 A 材料 1200 吨,材料单价为每吨 1460 元,每次订货成本为 100 元,每吨材料的年储存成本为 6 元,请计算经济订购量。

2. 亚马逊平台的某卖家在德国第三方海外仓公司存储了 200 件秋千椅,产品尺寸 121 cm×40 cm×53 cm,重量为 19.7 kg。现客户要求从海外仓调运 200 件秋千椅至德国 FBA 仓进行补货,根据 GLS 快递尾程派送费和 DHL-FREIGHT 货运尾程派送费报价(见表 6-2),计算并判断尾程如何运输费用比较划算。

补充说明:欧标托盘尺寸 120 cm×80 cm×180 cm,根据尺寸判断,每托最多存放 6 个秋千椅。

3. 某客户在德国海外仓存放 100 件服装,产品尺寸 40 cm×20 cm×3 cm,重量为 0.24 kg,货物到仓需存放 3 个月后,需要中转发运至 FBA,根据产品体积和托盘体积计算仓储费的标准(见表 6-1),3 个月按 90 天计算,请计算这批产品会产生的仓储费用。

项目七 [跨境电商配送]

Project
Seven

任务一　了解邮政物流配送

任务二　了解国际商业快递配送

任务三　了解专线物流配送

项目导航

本项目将带你深入探索跨境电商配送的关键领域。

在任务一中,我们将认识邮政物流配送,包括万国邮政联盟和中国邮政物流的主要产品,分析中国邮政物流常规产品的特点和优劣势。

在任务二中,我们将了解四大国际商业快递公司及其产品,明确四大国际商业快递公司的优劣势和费用构成,学会根据各国际商业快递的特点和计费标准,选择与运输产品特征相匹配的物流产品。

在任务三中,我们将熟悉专线物流,了解具有代表性的专线物流服务及其覆盖范围和计费原则,并能够根据产品特点和运输需要选择合适的专线物流。

项目导学

跨境电商配送不仅是一种商业活动,更是推动国际贸易发展的重要力量,也是推动"一带一路"共建国家发展的重要因素。

中国邮政凭借其广泛的网络覆盖和强大的物流能力,成为连接中国与"一带一路"共建国家的重要桥梁。中国邮政物流通过优化配送网络、提升服务质量,为跨境电商提供快速、可靠的配送服务,促进了商品在共建国家的流通和贸易。

国际商业快递以其高效、便捷的优势,在跨境电商中发挥着不可替代的作用。通过国际商业快递,商品可以迅速送达世界各地,满足消费者多样化的需求。

专线物流是指针对特定国家或地区开设的专门配送线路,具有运输时间短、成本低等优势。在"一带一路"倡议下,专线物流企业纷纷加大在共建国家的布局和投入,为共建国家客户提供更加灵活、多样化的配送选择。当前,专线物流已成为跨境电商配送的重要选择之一,通过开设专线物流,企业可以更加精准地把握市场需求,提高配送效率,降低运营成本。

任务一　了解邮政物流配送

◆ 素养目标
1. 具备跨境电商物流从业者的职业道德。
2. 培养爱岗敬业的精神以及为我国物流行业发展努力奋斗的爱国精神。

◆ 知识目标
1. 了解万国邮政联盟。
2. 了解中国邮政物流产品的类型。

◆ 技能目标
1. 掌握中国邮政物流产品的优劣势。
2. 能根据商品特点进行物流方式选择。
3. 能根据实际情况计算中国邮政物流运费。

 一、万国邮政联盟

（一）万国邮政联盟概况

万国邮政联盟（Universal Postal Union，UPU）是商定国际邮政事务的政府间国际组织（万国邮政组织标志见图7-1）。万国邮政联盟的宗旨是组织和改善国际邮政业务，促进此领域的国际合作与发展。通过邮政业务的有效工作，发展各国人民之间的联系，以实现在文化、社会与经济领域促进国际合作的崇高目标。

万国邮政联盟由大会、国际局、行政理事会、邮政经营理事会组成，总部设在瑞士首都伯尔尼。截至2023年10月，有会员国192个。

万国邮政联盟通过制定标准、协调政策、促进创新等，确保了邮政交换的效率和可靠性，为向世界各地提供具有包容性和无障碍的通信和社会服务，为社会经济增长、技术进步、可持续发展和包容性贸易做出了贡献。

图 7-1　万国邮联标志

（二）中国与万国邮政联盟

1972 年 4 月 13 日，万国邮联代表大会通过决议，承认中华人民共和国政府是中国在万国邮联中的唯一合法代表。同年 5 月 8 日，中国政府通知万国邮联，决定参加万国邮联的一切活动。

2021 年，我国成功连任万国邮联行政理事会理事国和邮政经营理事会理事国，这有利于我国深度参与国际邮政事务，扩大我国在邮政领域的影响，推动我国邮政业"走出去"发展战略的实施，以及我国"一带一路"建设、"中欧班列"项目的实施。

二维码 7-1　菜鸟和顺丰加入万国邮联

二、中国邮政物流

中国邮政物流指通过中国邮政的物流网络，将本地货品送交国外买家的运输体系。目前，中国邮政国际业务为用户提供通达全球 200 多个国家和地区的寄递服务。中国邮政物流可根据不同产品，提供信息查询、邮件保价、延误赔偿和丢失赔偿等增值服务，以满足用户寄递物品、文件资料和信件等不同类型的需求。按照当前中国邮政的产品来分类，可以将中国邮政物流海外服务分为邮政航空大小包、国际 EMS、e 邮宝等。

（一）邮政航空大包

中国邮政航空大包（China Post Air Parcel）又称中国邮政大包、中国邮政国际大包裹、中邮大包。中国邮政航空大包适合重量较重（超过 2 千克）且体积较大的包裹，全程航空运输，世界各地只要有邮局的地方都可以到达。

1. 运送时效

亚洲邻国 4～10 天；欧美国家 7～20 天；其他国家和地区 7～30 天。

2. 服务优势

1) 成本低

价格较低,且不计算体积重量,没有偏远附加费,有较好的价格优势。采用此种发货方式可最大限度地降低成本。

2) 交寄相对方便

通达全球大部分国家和地区,只要有邮局的地方都可以到达。操作流程方便、快捷,只需要单一的运单,并由公司统一打印,减少了客户的麻烦。

3) 追踪查询服务

包裹离开当天即可在中国邮政网查询物流信息,且全程跟踪。

3. 包裹限制

1) 重量限制

0.1 千克≤重量≤30 千克(部分国家不超过 20 千克)。

2) 体积限制

考虑到不同尺寸包裹的邮寄需求和成本效益,邮政航空大包的体积限制分为两种。

(1) 单边≤1.5 米,长度+长度以外的最大横周≤3 米。

(2) 单边≤1.05 米,长度+长度以外的最大横周≤2 米。

此外,最小尺寸限制为:最小边长不小于 0.24 米,宽不小于 0.16 米。

(二)邮政航空小包

中国邮政小包(China Post Air Mail)又称中国邮政航空小包、邮政小包。是指包裹重量在 2 千克以内,外包装长、宽、高之和小于 90 厘米,且最长边小于 60 厘米,通过邮政空邮服务寄往国外的小邮包。

1. 运送时效

亚洲邻国 5~10 天;欧美国家 7~15 天;其他国家和地区 7~30 天。

2. 服务优势

1) 价格实惠

中国邮政小包相对于其他运输方式(如国际商业快递等)来说有绝对的价格优势,同时比香港小包的价格更便宜。

2) 邮寄方便

可以寄达全球大部分国家和地区,有邮局的地方都可以送到(极少数国家和地区除外)。

3）安全性高

中国邮政小包安全、掉包率低、挂号可全程跟踪。

4）速度优势

包裹可以与各地的中国邮政直接交接，无须中转，客户交给邮局后当天即可查到包裹状态。

3. 包裹限制

1）重量限制

邮政小包限重 2 千克（阿富汗除外）。

2）体积限制

最大：长、宽、高合计不超过 900 毫米，最长一边不超过 600 毫米。圆卷状直径的两倍和长度合计不超过 1040 毫米，长度不超过 900 毫米，公差 2 毫米。

最小：至少有一面长度不小于 140 毫米，宽度不小于 90 毫米。圆卷状直径两倍和长度合计不小于 170 毫米，长度不小于 100 毫米。

（三）国际 EMS

EMS 国际快递是一项特殊邮政业务，该业务在各国邮政、海关、航空等部门均享有优先处理权，负责快速、高质量地为用户传递国际紧急信函、文件资料、金融票据、商品货样等各类文件资料和物品，同时提供多种形式的邮件跟踪查询服务。EMS 还可以提供代客包装、代客报关、代办保险等一系列综合延伸服务。

1. 运送时效

东南亚地区 10～20 天；美国、加拿大 15～17 天；欧洲 12～18 天；中东地区 10～24 天。

2. 服务优势

1）计费简单

实际价格等于中国邮政 EMS 的公布价乘以折扣，以人民币结算。

2）速度快

包裹交送邮局的当天就会发货，顾客可以上网跟踪物流信息。快件在国内运输的时间更短。

3）通关能力强

可运输电池、手机、MP3、MP4 等类型的名牌产品。

4）无体积限制

对货物没有体积限制，适合发体积大重量小的货物。

5）通邮范围广

EMS 国际快递通邮范围广，可到达全球 210 个目的地。

二维码 7-2　国际 EMS 包裹资费区与尺寸重量限制表

（四）e 邮宝

e 邮宝业务是中国邮政为适应跨境轻小件物品寄递需要而开办的标准类直发寄递业务。该业务依托邮政网络资源，利用境外邮政合作伙伴的优先处理优势，为客户提供价格优惠、时效稳定的跨境轻小件寄递服务。

1. 投递范围

美国：本土及本土以外所有属地和海外军邮地址。英国：本土及海峡群岛、马恩岛。法国：仅本土区域，法国海外属地无法投递。其他国家和地区：仅本土。

2. 服务优势

1）在线订单

在线订单管理，方便快捷。

2）时效稳定

重点路向全程平均时效（参考时效）7~15 个工作日，服务可靠。

3）全程跟踪

提供主要跟踪节点扫描信息和妥投信息，安全放心。

4）平台认可

e 邮宝是主流电商平台认可和推荐的物流渠道之一，有品牌保障。

3. 包裹限制

1）重量限制

e 邮宝包裹限重 2 千克，俄罗斯、以色列、英国限重 5 千克。

2）体积限制

单件最大尺寸：长、宽、厚合计不超过 90 厘米，最长一边不超过 60 厘米。圆卷邮件直径的两倍和长度合计不超过 104 厘米，长度不得超过 90 厘米。

单件最小尺寸：长度不小于 14 厘米，宽度不小于 11 厘米。圆卷邮件直径的两倍和长度合计不小于 17 厘米，长度不小于 11 厘米。

任务描述

◆ 任务情境

小李在某网络科技有限公司实习半年后,收到主管下达的物流配送任务。小李需要将不同类别、不同重量和尺寸的货物,通过邮政物流的方式寄往不同国家。

◆ 任务要求

(1) 了解跨境电商常用的中国邮政航空大小包、EMS、e邮宝的优劣势、时效,以及对商品种类和尺寸的要求。

(2) 根据包裹的目的地和时效要求,选择合适的物流方式。

(3) 根据实际计算所需物流费用。

任务实施

一、计算物流费用

1. 计算邮政航空大包物流费用

中国邮政大包计费注意事项:包裹按首重1 kg、续重1 kg(不满1 kg按1 kg计算)的方式计费,挂号费12.5元。物流费用的计算公式如下:

运费=(首重运价+续重运价×续重重量)×折扣+挂号费

根据上述信息,我们来计算以下例题。

临近新年,小李将一批中国特产寄给加拿大客户,包裹重量为8.2 kg,单边长为1.5 m,长度+长度以外的最大横周为2.8 m,可以发送中国邮政航空大包吗?如果能,请计算其运费(假定能拿到8.7折的折扣);如果不能,请说明理由。

二维码7-3 例题1答案与解析

2. 计算邮政航空小包物流费用

中国邮政小包计费注意事项:

(1) 包裹按克计费,1 g起重,每个单件包裹限重在2 kg以内。

(2) 在计算时,实际重量=产品重量+包装重量。

(3) 挂号件每件加收挂号费不等。

(4) 不同地市局在不同时段给出的折扣不同。

(5) 物流费用的计算公式如下:

平邮小包资费=标准资费×实际重量×折扣

挂号小包资费＝标准资费×实际重量×折扣＋挂号费

根据上述信息，我们来计算以下例题。

小李需要邮寄小件样品给韩国客户，包裹重 1.4 kg，体积 50 cm×20 cm×10 cm，当前折扣 80%，可以发送中国邮政航空大包吗？若能，请计算其运费；若不能，请说明理由。

二维码 7-4　例题 2 答案与解析

3. 国际 EMS

EMS 按照实际重量计费，首重 0.5 kg、续重 0.5 kg，不足 0.5 kg 的按 0.5 kg 计费，没有燃油附加费和报关费。其计费公式为：

运费＝首重运费＋[重量(千克)×2－1]×续重运费

但 EMS 线上发货针对邮件长、宽、高三边中任一单边达到 60 cm 以上（包含 60 cm）的，需要计算体积重量。

体积重量(kg)＝长(cm)×宽(cm)×高(cm)÷6000

二维码 7-5　国际 EMS 包裹资费区与收费表

根据上述信息，我们来计算以下例题。

某网络科技有限公司近期拓展了英国地区的业务，小李需要帮助邮寄文件材料，该包裹重 1.5 kg，体积 60 cm×15 cm×9 cm，通过国际 EMS 发货，请计算该包裹的运费。

二维码 7-6　例题 3 答案与解析

4. e 邮宝

e 邮宝总费用＝处理费＋总重量×重量费

如果某国家或地区在 e 邮宝规定有起重，则不满起重的包裹按照首重计算费用。

二维码 7-7　e 邮宝包裹资费与起重/限重表

根据上述信息，我们来计算以下例题。

小李计划通过 e 邮宝给美国的客户寄一批新样品，该包裹重 1.8 kg，处理费为 15 元，请计算该包裹的运费。

二维码 7-8　例题 4 答案与解析

二、任务实施步骤

[步骤1] 学习邮政物流常见产品

全面了解邮政物流中常见的各类产品,包括邮政小包、邮政大包、国际 EMS 和 e 邮宝等产品的优劣势和适用范围。

[步骤2] 比较邮政物流常见产品的要求、优劣势、时效、费用标准

比较邮政物流常见产品对于包装、尺寸、重量等的要求。了解不同产品的特点、适用范围、时效性、费用标准、操作流程以及相关的法规政策。分析这些邮政物流产品如何影响客户的选择和满意度。

[步骤3] 选择合适的物流方式并计算费用

掌握邮政物流常见产品的具体服务项目和费用构成等信息,根据实际需求,综合考虑货物特性、运输距离、时间要求以及成本效益等因素,选择最合适的物流方式。

任务评价

任务完成度评价表如表 7-1 所示。

表 7-1　任务完成度评价表

层级	评价内容	满分	得分	自我评价
1	了解邮政物流产品	10		
2	能够比较不同的邮政物流产品	10		
3	掌握邮政物流费用计算方法	10		

项目综合测评

一、单项选择题

中国邮政物流产品中,通达范围最广的是(　　)。

A. 邮政小包　　　　　　　　　　　　B. e 邮宝
C. EMS　　　　　　　　　　　　　　D. 邮政大包

二、判断题

1. 中国邮政小包是指包裹重量在2千克以内,外包装长宽高之和小于90厘米,且最长边小于60厘米,通过邮政空邮服务寄往国外的小邮包。（　　）
2. 万国邮政联盟的英文缩写是UPS。（　　）
3. 国际EMS的时效优势在欧洲地区体现得尤为显著。（　　）

二维码7-9　项目七任务一综合测评答案

三、实务操作题

小李使用e邮宝给远在巴西的网友邮寄包裹,包裹重1.1千克,请问她要支付的邮费为多少?

任务二　了解国际商业快递配送

任务目标

◆ 素养目标

1. 具备跨境电商物流从业者的职业道德。
2. 培养爱岗敬业的精神以及为我国物流行业发展努力奋斗的爱国精神。

◆ 知识目标

1. 了解四大国际商业快递。
2. 了解四大国际商业快递各自特点。

◆ 技能目标

1. 了解不同商业快递的优劣势。
2. 能根据商品特点选择物流方式。
3. 能根据实际情况计算物流运费。

二维码7-10　国际快递微课

知识储备

一、国际商业快递

（一）UPS

1. UPS 简介

UPS（United Parcel Service，美国联合包裹运送服务公司）成立于 1907 年，总部设于美国佐治亚州亚特兰大市，是全球领先的快递承运商与包裹递送公司，同时也是运输、物流、资本与电子商务服务的领导性的提供者（UPS 标志见图 7-2）。

图 7-2　UPS 标志

2. UPS 参考时效

一般 2～4 个工作日可送达。

3. UPS 体积重量限制

每件包裹的重量上限为 70 千克、长度上限为 274 厘米、尺寸上限为 400 厘米。

4. UPS 优劣势

（1）优势。

速度快、服务好，货物可送达全球 220 多个国家和地区，查询网站信息更新快，遇到问题解决及时，可以在线发货。

（2）劣势。

整体资费较高，在东南亚地区，其价格与 FedEx 快递、EMS 快递相比不占优势；在大洋洲地区，其价格与 DHL 相比不占优势；在欧洲地区，其价格与 FedEx、

DHL 相比不占优势。同时 UPS 计算运费时，会采用实际重量和体积重量中较大的值作为计费标准，泡货使用 UPS 快递渠道，需要支付更多的运费。UPS 在东南亚、欧洲地区以及其他地区，并没有清关优势，同时也不提供清关服务。

（二）FedEx

1. FedEx 简介

FedEx（美国联邦快递）隶属于美国联邦快递集团，总部设于美国田纳西州孟菲斯（FedEx 标志见图 7-3）。FedEx 为全球顾客和企业提供涵盖运输、电子商务和商业运作等全面服务。

图 7-3　FedEx 标志

2. FedEx 体积重量限制

单件包裹最大重量不得大于 68 千克，单票多件货物（MPS）的最低总重量应达到 68 公斤。重量低于 68 公斤但长度超过 274 厘米，或周长超过 330 厘米的未打板货物可以托运。长度达到 302 厘米、宽度达到 203 厘米、高度达到 178 厘米或重量超过始发地及目的地航线规定的最大重量限额的货物需要得到 FedEx 事先核准。

计费重量取包裹实际重量（毛重）和体积重量较大者。体积重量的具体计算公式为：

长（厘米）×宽（厘米）×高（厘米）÷5000（每公斤标准立方厘米密度）＝体积重量

3. FedEx 优劣势

（1）优势。

包裹发往中南美洲和欧洲时，其价格较有竞争力。FedEx 网站物流追踪信息更新快，查询便捷。

（2）劣势。

折扣比同类快递公司少 15% 左右，体积重超过实际重按体积重量计算，对所运物品限制较多。

（三）DHL

1. DHL 简介

DHL 成立于 1969 年，公司的名称 DHL 由三位创始人姓氏的首字母组成（见图 7-4）。其业务遍布全球 220 个国家和地区。DHL 的国际服务组合包括邮件及包裹、速递、货运、供应链管理以及电子商务物流解决方案。

图 7-4　DHL 标志

2. DHL 体积重量限制

单件重量上限为 300 千克，单边长度不得超过 119 厘米，长宽高之和不得超过 300 厘米，超长或超重都会产生附加费。

3. DHL 优劣势

（1）优势。

物流速度快，发往欧洲一般需要 3 个工作日，发往东南亚一般需要 2 个工作日。可送达国家的网点较多，网站货物状态更新较及时，遇到问题解决速度快，21 千克以上物品更有单独的大货价格，部分地区大货价格比国际 EMS 还要便宜。

（2）劣势。

DHL 的计费还涉及体积重量的计算，如果货物的体积过大而实际重量较轻，就不建议使用 DHL 国际快递。DHL 对托运物品限制也比较严格，拒收许多特殊商品。

（四）TNT

1. TNT 简介

TNT（TNT Express）公司是全球领先的快递邮政服务供应商，为企业和个人客户提供全方位的快递和邮政服务，总部在荷兰的阿姆斯特丹（TNT 标志见图 7-5）。能够为超出 200 个国家或地区的用户提供邮运、快递和物流服务项目。TNT 利用其遍布全球的航空与陆运网络，为客户提供全球门到门、桌到桌的文件和包裹的快递服务。2016 年，TNT 被 FedEx 收购，成为 FedEx 旗下子公司。

图 7-5　TNT 标志

2. TNT 体积重量限制

重量限制：最大单件重量（无托盘）为 70 千克；总重量不受限制。
体积限制：2.4 米×1.2 米×1.5 米。

3. TNT 优劣势

（1）优势。

速度较快，发往西欧需要 3 个工作日左右，可送达国家比较多，查询网站信息更新快，遇到问题响应及时。

（2）劣势。

需要考虑产品体积重，对所运货物限制较多。

二、国际商业快递运费计算

（一）运费的构成

国际商业快递的运费主要由以下几个部分构成。

1. 计费单位

四大国际快递公司的计费单位都是千克。

21 千克以下的货物，计算方式通常是首重费用加上续重费用，即计费重量的最小单位通常是 0.5 千克，不足 0.5 千克的按 0.5 千克计费，超过 0.5 千克不超过 1 千克的按 1 千克计费。以此类推，例如，2.35 千克就按 2.5 千克计费。

21 千克以上的货物一般直接按照每千克计费，不足 1 千克的部分向上取整多加 1 千克。例如，24.3 千克要按 25 千克计费，65.9 千克也是按 66 千克计费。

2. 计费重量

国际快递重量计算标准具体可以分为实际重量、体积重量、计费重量。

实际重量是指货物包含包装在内的总重量。

体积重量是指因运输工具承载能力即能装载物品体积所限，所采取的将货件体积折算成的重量。

目前国际快递公司通用的体积重量计算方法是：

$$体积重量 = 长（厘米）\times 宽（厘米）\times 高（厘米）/5000$$

不规则的包装则按照货物单边最长、最宽、最高点计算。国际快递中体积重量大于实际重量的货件又称泡货。

计费重量则是将整票货物的实际重量与体积重量比较，取大的为计费重量。例如：一票货物的总实际重量是 22 千克，体积是 40 厘米×60 厘米×52 厘米/5000＝24.96，那么计费重量就是 25 千克。因为 22 千克＜24.96 千克＜25 千克，所以计费重量是 25 千克。

3. 包装费

通常情况下，如果交运的货物本身包装良好，或者只需要快递公司进行简单的包装、加固之类的操作，一般不会收取包装费，但是一些贵重物品、易碎物品等需要特殊处理和包装的，快递公司会收取一定的包装费。如果运费有折扣，包装费一般不会和运费一起进行打折。

4. 燃油附加费

燃油附加费（Fuel Oil Surcharge），即物流公司收取的反映燃料价格变化的附加费。该费用以每运输吨多少金额或者以运费的百分比来表示，所有的燃油附加费都可以通过官网查询，燃油附加费一般会同运费一起打折。

5. 偏远地区附加费

对于偏远或运往非主要航线目的地的包裹，可能会收取额外的运输费。

6. 其他附加费

四大国际快递公司都有其他类型的附加费用，如更改地址费、大型包裹附加费、超长超重费、进口控制费等。

（二）总运费计算

快递公司、目的地国家、货物重量、货物体积等不同，收费标准也会有差异。不同的产品类型（如文件、包裹，带电或非带电，是否含有液体等）也会影响运费。国际快递公司一般都会对目的地国家进行分区，运往同一个区域，不同快递公司的报价可能会相差非常大。

国际快递运费计算方式如下。

1. 当计费重量小于21kg时

$$运费 = 首重运费 + [重量(kg) \times 2 - 1] \times 续重运费$$
$$当月燃油附加费 = \{首重运费 + [重量(kg) \times 2 - 1] \times 续重运费\} \times 当月燃油附加费费率$$
$$总费用 = \{首重运费 + [重量(kg) \times 2 - 1] \times 续重运费\} \times (1 + 当月燃油附加费费率)$$

2. 当计费重量不小于21 kg时

$$运费 = 重量(kg) \times 每千克运费$$
$$当月燃油附加费 = 重量(kg) \times 每千克运费 \times 当月燃油附加费费率$$
$$总费用 = 重量(kg) \times 每千克运费 \times (1 + 当月燃油附加费费率)$$

任务描述

◆ 任务情境

小李需要了解并使用国际商业快递进行样品邮寄，主管希望小李能够在符合寄送标准的基础上,尽量挑选更合适且具有性价比的物流方式。

小李将速卖通上售出的货物寄给远在巴西里约热内卢的客人,他选择了使用国际快递寄出。货物重量为 10.4 kg,体积是 15 cm×25 cm×87.5 cm。想要让客人更快收到货物,他应该选择哪个国际商业快递公司?快递的费用是多少?(在各大国际商业快递官网进行检索)

二维码 7-11
案例答案与解析

◆ 任务要求

(1) 了解四大国际商业快递。
(2) 计算四大国际商业快递的运费。

任务实施

[步骤 1] 学习四大国际商业快递企业历史和特点

深入了解全球物流领域中的佼佼者——四大国际商业快递企业的发展历程、经营策略以及独特的市场定位。分析这些企业的特点,包括其业务模式、服务范围、技术创新以及市场策略等,有助于获取宝贵的行业经验材料。

[步骤 2] 比较四大国际商业快递在各地配送的标准和优劣势

深入了解四大商业快递企业在全球各地的配送标准,包括配送时间、配送网络布局、服务质量、安全保障等方面的具体要求,以及它们在不同地区的客户评价和市场表现,以更好地理解物流行业的全球化和本地化特点。

[步骤 3] 选择合适的物流方式并计算费用

掌握四大国际商业快递产品的具体服务项目和费用构成,根据实际需求,综合考虑货物特性、运输距离、时间要求以及成本效益等因素,选择最合适的物流方式。

任务评价

任务完成度评价表如表 7-2 所示。

表 7-2 任务完成度评价表

层级	评价内容	满分	得分	自我评价
1	了解四大国际商业快递企业	10		
2	能够比较四大国际商业快递	10		
3	学会计算国际快递费用	10		

项目综合测评

一、单项选择题

1. DHL、UPS、FedEx、TNT 四大国际商业快递企业 21 千克以下货物按照每（　　）计费。

　　A. 千克　　　　　　B. 0.5 千克

　　C. 0.1 千克　　　　D. 克

2. 目前 TNT 已被哪家国际快递公司收购？（　　）

　　A. 邮政快递　　　　B. FedEx

　　C. UPS　　　　　　D. DHL

二维码 12　项目七任务二综合测评答案

二、多项选择题

DHL 公司的优势有（　　）。

A. 寄送至欧洲和东南亚的快递时效强

B. 21 kg 以上大货发往东南亚价格最优惠

C. 2～4 个工作日货通全球

D. 在美国和西欧的清关能力较强

三、判断题

1. 在国际快递中体积重量大于实际重量的货件常称为轻泡货。（　　）
2. UPS 的优势地区为美洲地区。（　　）

四、实务操作题

小李用 DHL 快递给远在德国的姑妈寄去新年礼物。21.2 千克的包裹体积为 50 厘米×60 厘米×70 厘米，首重的标准资费为 150 元、续重的标准资费为 30 元/千克、每千克运费为 25 元，当月燃油附加费费率为 30%，则小金需要支付的总费用为多少？（体积重量计算系数取 5000）

任务三　了解专线物流配送

任务目标

◆ 素养目标
1. 具备跨境电商物流从业者的职业道德。
2. 培养爱岗敬业的精神,以及为我国物流行业发展努力奋斗的爱国精神。

◆ 知识目标
1. 了解专线物流。
2. 了解各专线物流特点。

◆ 技能目标
1. 掌握各专线物流的优劣势。
2. 能根据商品的特点和运送目的地选择物流方式。
3. 能根据实际情况计算物流运费。

知识储备

一、专线物流

(一)燕文物流

北京燕文物流有限公司成立于1998年,是国内领先的跨境出口综合物流服务商。公司以"中国制造,为世界送达"为使命,通过整合全球物流资源,打造了专业化、多元化的物流产品服务体系,以自主研发的综合物流信息管理平台为支撑,专注于为客户提供快速、安全、高性价比的门到门寄递服务。

经过多年发展，燕文建立了高度协同的物流网络，在全国设置六大分拨中心和 37 个集货转运中心，服务通达全球 200 多个国家和地区，是国内跨境出口物流行业中服务覆盖和通达范围最广的公司之一。

燕文提供燕文专线、燕文挂号、燕文经济等不同类别的产品和服务，客户可以根据运输产品的种类、重量、目的地，选择相应的物流产品。

二维码 7-13　燕文专线参考时效、申报价值和尺寸重量标准

（二）　Ruston（俄速通）

中俄航空 Ruston 专线是由黑龙江俄速通国际物流有限公司提供的中俄航空小包专线服务，是通过国内快速集货、航空干线直飞、俄罗斯邮政或当地落地配进行快速配送的物流专线的合称。中俄航空 Ruston 支持发往俄罗斯全境邮局可到达区域。包机直达俄罗斯，80％以上包裹 25 天内到达买家目的地邮局，特殊情况下 35～60 天到达目的地。

二维码 7-14　俄速通概况和参考时效、申报价值和尺寸重量标准

（三）　Aramex

Aramex 是中东地区知名的快递公司，可以为客户提供全球范围的综合物流服务和运输解决方案，是发往中东地区的国际快递的重要渠道。Aramex 与中外运空运发展股份有限公司于 2012 年成立了中外运安迈世（上海）国际航空快递公司，在国内也称为"中东专线"。

Aramex 平台上提供 40 个目的地的送达服务。门到门国际配送 2～3 天即可完成。

单件重量小于 30 千克时，尺寸不得超过 120 厘米×50 厘米×50 厘米；如单件重量超过 30 千克，则尺寸必须小于 240 厘米×190 厘米×10 厘米。单票的申报金额大于 600 美元时必须报关。

（四）速优宝-芬兰邮政

速优宝—芬兰邮挂号小包（芬兰邮政挂号小包）是由芬兰邮政针对 2 千克以下的小件物品推出的特快物流服务，运送范围是俄罗斯、白俄罗斯、爱沙尼亚、拉脱维亚、立陶宛、波兰、德国的全境邮局可到达区域。

运费根据包裹重量按克计费，每个单件包裹限重在 2 千克以内。正常情况下，

16~35天到达目的地。寄出包裹可通过1688订单详情页面、菜鸟官方物流追踪网站、速优宝-芬兰邮政俄罗斯官网与白俄罗斯官网等网站追踪。

二维码7-15　速优宝-芬兰邮政参考时效和尺寸重量标准

（五）17FEIA

上海宏杉国际物流有限公司旗下的17FEIA集运创建于2017年，依托上海宏杉国际物流有限公司在欧洲、亚洲、美洲等开设多条国际快递专线，并与多家国内外知名物流快递企业建立战略合作关系的优势，向海外华人、留学生以及国内外采购商等提供国际转运与仓储增值服务。

二维码7-16　17FEIA优势专线

二、专线物流计费方式

专线物流的费用计算方法与国际快递的费用计算方法大致相似，但是首重的计费标准通常较低，同时，续重部分的计费单位重量也设定得比较小。专线物流一般有限重，还会额外收取挂号服务费。

不同物流供应商的报价方式不同，有些是一口价（全包报价），有些没有首重要求，有些还需要考虑燃油附加费费率等因素。专线物流价格会有一些波动，具体价格以发货时的报价为准。不同的物流商和不同的专线物流都有价格差异，商家要根据实际需求，选择合适的专线物流方案。计算专线物流费用时，选取整批货物的实际重量和体积重量两者之中数值较大的作为计费依据，其计算公式为：

专线物流费用＝（配送服务费＋燃油附加费）×折扣＋挂号服务费

（一）燕文专线快递-普货计费方式

操作费/件＋运费/千克，按克收费，英国、法国、奥地利、澳大利亚无50克起重，其余国家起重50克，不足50克的部分按50克计价。

针对2千克（含）以内的货物，若泡重比不超过1.5，不按泡重收费，按实际重量计费；若泡重比大于1.5，取包裹实际重量和体积重量较大者计费[体积重量计费方式为：长（cm）×宽（cm）×高（cm）/8000]。

针对大于2kg的货物，按包裹实际重量和体积重量相比，取较大者计费（体积重量计费方式为：长（cm）×宽（cm）×高（cm）/8000）。

（二）Ruston（俄速通）计费方式

运费根据包裹重量按克计费，1克起重，每个单件包裹限重在2千克以内。

（三）Aramex计费方式

详细内容见二维码7-17。

二维码7-17　Aramex计费表

（四）速优宝-芬兰邮政计费方式

详细内容见二维码7-18。

二维码7-18　速优宝-芬兰邮政计费表

任务描述

◆ 任务情境

随着我国综合国力的提升和"一带一路"政策的推广，越来越多的中国企业进入国际物流市场。近年来，许多特色物流专线应运而生，请帮助某网络科技有限公司实习生小李归纳上述物流专线的特点和优劣势、进行运费计算，并了解其他物流专线给我国外贸出口带来的影响。

◆ 任务要求

（1）了解专线物流含义。

（2）了解常见国际物流专线及其优劣势。

（3）自选产品和目的地，计算专线物流运费。

任务实施

[步骤1] 学习专线物流含义

了解专线物流的发展历程、应用场景及不同专线物流产品的核心竞争力。掌握专线物流在提高效率、降低成本、优化供应链等方面的优势，了解如何利用专线物流满足国际贸易中个性化、定制化的物流需求。

[步骤2] 了解常见专线物流、比较其优劣势

了解不同专线物流产品的覆盖地区和特点，初步形成对专线物流的整体认识。在此基础上，对比这些专线物流的优势与劣势，包括运输时效、运输成本、安全性、可靠性以及服务质量等方面，清晰地了解它们的适用范围和局限性，为实际决策提供依据。

[步骤3] 计算专线物流运费

了解专线物流运费的基本构成，包括基础运费、燃油附加费、偏远地区附加费、超重或超大货物附加费等各项费用。根据货物的实际重量、体积、运输距离以及所选的运输方式，结合相应的费用标准计算费用。

任务评价

任务完成度评价表，如表7-3所示。

表7-3 任务完成度评价表

层级	评价内容	满分	得分	自我评价
1	了解专线物流含义			
2	能够比较专线物流优劣势			
3	学会专线物流运费计算			

项目综合测评

一、判断题

1. Aramex配送目的地仅限中东地区。（   ）
2. 专线物流配送时效提升，难度在于尾程配送效率。
（   ）

二维码7-19 项目七任务三
综合测评答案

二、多项选择题

1. 常见的通达俄罗斯的专线包括（   ）
   A. 燕文专线　　　　　　B. 17FEIA
   C. Ruston　　　　　　　D. Aramex
   E. 速优宝-芬兰邮政

2. 速优-宝芬兰邮政的运送范围包括（   ）。

A. 俄罗斯　　　　　B. 法国
C. 爱沙尼亚　　　　D. 拉脱维亚
E. 白俄罗斯　　　　F. 立陶宛波兰
G. 德国

3. 以下关于燕文专线的说法，错误的是（   ）。

A. 成立于 1994 年
B. 在全国设置了八大分拨中心和 27 个集货转运中心
C. 服务通达全球 100 多个国家和地区
D. 燕文提供燕文专线、燕文挂号、燕文经济等不同类别的产品和服务

三、拓展分析题

上网收集资料，了解我国快递业发展历史并分析未来发展趋势。

参考文献

[1] 任佳慧，程世超．跨境电商物流运输的影响因素及对策［J］．中国储运．2024（03）：207-208．

[2] 贺天瑞．中国外运：综合物流央企龙头 跨境电商助力增长［J］．股市动态分析．2024（04）：38-39．

[3] 吴佳鸿．跨境电商背景下物流供应链的法律问题解决分析［J］．中国商论．2024（04）：92-95．

[4] 肖芸．跨境电商物流的挑战与解决方案［J］．中国航务周刊．2024（08）：63-65．

[5] 李桦，刘若彤，苏欣悦．基于数字经济崛起的跨境电商物流模式研究［J］．中国航务周刊．2024（08）：66-68．

[6] 段彪．跨境电商物流服务安全管理问题及对策研究［J］．中国物流与采购．2024（03）：71-72．

[7] 刘涛．探讨转移定价在跨境电商出口海外仓模式业务中的应用［J］．市场周刊．2024（02）：89-92．

[8] 童金靖，周志丹．基于自营海外仓＋平台服务的跨境电商模式构建研究［J］．中国商论．2024（03）：62-65．

[9] 刘爱玲，莫晓铃．浙江省跨境电商与跨境物流协调评价分析［J］．对外经贸．2024（01）：10-14．

[10] 王浩腾，邹振胜．铁路跨境电商物流发展SWOT分析及发展对策［J］．物流技术．2024（01）：130-138．

[11] 毕凯君．跨境电商发展对商贸流通业数字化转型的影响［J］．财富时代．2024（01）：67-69．

[12] 苏尤丽，胡宣宇．基于组合赋权——TOPSIS法的跨境电商进口物流模式决策研究［J］．赤峰学院学报（自然科学版）．2024（01）：56-60．

[13] 林琛．基于跨境电商环境下的国际物流模式探讨［J］．商展经济．2024（02）：28-31．

[14] 谢小平，郭瑞琴，汤奇荣．跨境电商柔性物流包装生产线［J］．机械制造．2024（01）：62-67．

[15] 田晨．跨境电商物流企业运营绩效评价及改进策略研究［J］．物流科技．2024（02）：52-56．

[16] 邱莉丽，杨维新．菜鸟网络跨境电商供应链的创新模式与实践研究［J］．物流科技．2024（02）：120-123．

[17] 张煜．基于跨境电商发展的海外仓储管理建设及优化分析［J］．中国市场．2024（02）：183-186．

[18] 金焕，沙蓓蓓．跨境电商背景下跨境物流服务质量对客户关系管理模式的影响因素研究［J］．物流工程与管理．2024（01）：87-89．

[19] 赵亚杰，丁立强．港珠澳协同背景下跨境电商物流国际竞争力提升路径研究——基于模糊层次分析法［J］．中国商论．2024（04）：100-104．

[20] 宁龙堂．西部陆海新通道背景下广西跨境电商物流发展研究［J］．物流工程与管理．2024（01）：90-92．

[21] 刘诚，张庆萍．新疆跨境电商物流发展困境及对策研究［J］．中国储运．2023（12）：163-164．

[22] 夏德建．跨境电商海外仓研究述评［J］．物流科技．2024（01）：86-90．

[23] 李纯．"一带一路"沿线国家跨境电商物流的协作发展［J］．中国储运．2024（01）：118-119．

[24] 胡惠婉．我国跨境电商物流的优化路径［J］．中国外资．2023（24）：67-69．

[25] 张秋一．推进跨境电商与国际物流融合发展［J］．中国外资．2023（24）：64-66．

[26] 林菊洁，王彤彤．经济全球化背景下的跨境电商生鲜冷链物流优化研究［J］．中国航务周刊．2023（52）：54-56．

[27] 尤锐．考虑退货不确定性的跨境电商物流网络多站点选址方法［J］．重庆科技学院学报（自然科学版）．2023（06）：52-58．

[28] 刘赛琪．我国中小型进出口企业跨境电商物流存在的问题与对策［J］．物流工程与管理．2023（12）：59-61．

[29] 吕柏松．跨境电商背景下国际物流现状及对策研究［J］．中国包装．2023（12）：69-74．

[30] 董芳芳．跨境电商视野下国际物流运输发展对进出口贸易的影响研究［J］．中国物流与采购．2023（23）：61-62．

[31] 杜前．涉海运跨境电商物流服务合同性质及其法律适用［J］．法律适用．2024（01）：109-117．

[32] 姜宇．跨境电商物流供应链优化分析［J］．中国储运．2023（12）：196．

[33] 伏星．供应链视角下我国跨境电商企业海外仓模式选择研究［J］．佳木斯职业学院学报．2023（11）：58-60．

［34］李言，阮智邦．大数据背景下跨境电商企业的物流经济风险和管理方案［J］．商业经济．2023（12）：107-109．

［35］柯颖．跨境电商物流协同发展策略研究［J］．中国物流与采购．2023（22）：55-56．

［36］夏丽伟．跨境电商物流管理的挑战与应对策略［J］．中国物流与采购．2023（22）：84-85．

［37］姚丽萍．我国跨境电商物流面临的困境与解决对策研究［J］．经济师．2023（11）：27-28．

［38］李犀珺．数字经济时代跨境电商物流发展思路探讨［J］．国际商务财会．2023（20）：88-91．

［39］林朝阳．跨境电商生鲜食品冷链物流优化策略探究［J］．全国流通经济．2023（20）：44-47．

［40］周焕月．智慧物流应用对跨境电商供应链管理人才的新要求［J］．中国市场．2023（30）：175-178．

［41］胡钰琦．基于航空物流的跨境电商物流模式研究与优化［J］．中国航务周刊．2023（43）：52-54．

［42］潘望，陈影．智慧物流技术在跨境电商物流中的运用研究［J］．物流科技．2023（21）：27-30．

［43］蔡萌，董芳敏．"双循环"背景下郑州航空港区跨境电商高质量发展路径探析［J］．中小企业管理与科技．2023（10）：149-151．

［44］张梅．基于灰色关联度模型的跨境电商与国际物流协同度评价［J］．商业经济研究．2023（19）：153-156．

［45］吴征．中俄跨境电商物流困境及对策分析［J］．现代商业．2023（19）：68-71．

［46］何逊勃．数字经济背景下的跨境电商物流模式创新路径分析［J］．全国流通经济．2023（12）：8-11．

［47］薛卓之，张茹．跨境电子商务视角下的国际物流供应链管理模式构建［J］．全国流通经济．2023（18）：72-75．

［48］王丹丹，王其荣．跨境电商与跨境物流融合发展路径研究［J］．现代商业．2023（18）：61-64．

［49］王婷．数字经济时代跨境电商物流模式创新路径探讨［J］．中国航务周刊．2023（39）：65-67．

［50］陈晓斐．跨境电商保税仓与海外仓模式选择［J］．物流技术．2023（09）：42-45．